영국 사교계 가이드
19세기 영국 레이디의 생활

무라카미 리코 | 지음   문성호 | 옮김

CONTENTS

서장
빅토리아 시대의 에티켓 북

윌리엄 포엘 프리스의 『도로 청소부』 1858년. 도로를 건너려는 잘 치장한 귀부인에게
길거리에서 생활하는 소년이 달려가 인사하고 청소한다. 빅토리아 시대의 계급 격차
를 표현한 풍속화.

/// 제임스 티소 「쉿」 1875년. 유복한 타운 하우스의 사적인 연주회. 손님 중에는 인도의 귀부인 모습도 보인다.

3가지 계급과 에티켓

어떤 시대, 어떤 장소, 어떤 그룹에 소속된 사람들의 일상생활을 가능한 한 구체적으로 알고 싶을 때, 쓸 만한 단서는 다양하게 존재한다. 실제로 그 당시 살았던 사람들에게 직접 이야기를 듣거나, 그게 어렵다면 자서전이나 평전, 일기 등에서 '평범한 날'에 대한 기술을 읽는다. 잡지나 신문, 광고나 상품 카탈로그, 그림 등도 알기 쉽고, 그것들을 편찬한 2차 자료도 굉장히 편리하다. 내가 19세기 영국, 빅토리아 시대 사람들의 행동이나 사고 방식에 대해 생

각할 때 의지하는 것이 「에티켓 북」이다.

　18세기 세계 최초로 산업혁명이 일어났던 영국은 기술·산업
의 급격한 진보로 인해, 19세기 빅토리아 시대(1837~1901)에는 번
영의 정점에 달해 있었다. 잉글랜드와 웨일즈의 인구 합계는 19세
기 100년간 4배로 늘어났고, 비즈니스로 풍요로워진 중류층 계급
이 세력을 확대해 나갔다. 여유가 생긴 중류 계급은 육체노동으로
돈을 벌어 생활하는 노동자 계급 사람들을 자신들의 밑에 두어 구
별하고, 귀족이나 지주 등 상류 계급에 조금이라도 더 다가가려 했
다. 아이들이 귀족들과 같은 교육을 받게 하고, 귀족의 복장을 흉
내 내고, 귀족의 습관과 예의작법을 따라 하고…. 상류 계급의 사
람들처럼 일하지 않고 땅값이나 금리 수입만으로 부유하게 생활

// 윌리엄 포웰 프리스 「빈곤과 부」 1888년. 지붕이 없는 마차를 타고 가는 유복해 보이는 사람들(왼쪽)과, 물고기 가판에 무리지어 싸지기를 기다리는 사람들(오른쪽)의 대비.

하는 수준까지는 무리더라도, 중류 계급 사람들은 행동과 생활 습관만이라도 귀족과 똑같이 하려고 했다. 그러기 위한 교과서가 에티켓 북이다.

이러한 책은 무척 잘 팔렸다. 마이클 커틴의 연구서『예의작법과 지위』(1987)에 의하면, 1834년에 발매된『에티켓 힌트』는 빅토리아 여왕이 즉위한 1837년까지 3년간 12,000부를 팔아치웠고, 1849년까지 제26판을 인쇄했다고 한다. 1873~1911년 사이에 발매된『상류 사교계의 에티켓』은 합계 91,000부. 19세기 후반에 가장 인기가 있었다고 하는『상류 사교계의 매너와 룰』은 1874년경

/// 조지 알 「북으로」 1893년. 19세기에 발달한 철도역에서는 폭넓은 계급의 사람들이 스
쳐지나갔다.

부터 1913년까지, 거의 매년 개정판이 발매되어 35판까지 발행되
었다고 한다. 종류도 많았지만, 아무래도 도용이나 모방도 횡행했
던 모양이다.

　제목을 살짝 바꾸거나, 삽화를 넣거나, 제목과 내용은 같지만 어
째서인지 저자명만 바뀌거나, 항목별로 분리해 판매하는 등, 별의
별 수단을 동원해서 미묘하게 다르지만 거의 비슷한 책들이 넘쳐
났다고 한다.

🖋 예의작법서의 역사

　빅토리아 시대에 에티켓 북이 융성했다고 해서, '그 시대의 기준
으로 품위가 없는 사람들에게 기품 있는 예의작법을 가르치기 위

한 서적'이 그때까지 없었던 것은 아니다. 고대 이집트의 파피루스에 기재된 교훈부터 시작해서, 중세 시대 기사의 마음가짐, '나이프로 이를 쑤시지 마라', '가래는 가래통에' 등 근원적인 '테이블 매너'를 설파하는 교훈시, 댄스나 음악 등도 신사의 교양에 포함시키는 17~8세기의 궁정 작법서까지, 시대의 변화에 따라 어느 시대든 예의작법은 수요가 있었기 때문이다.

하지만 '이상적인 부인의 조건'처럼 여성의 도덕을 전수하는 것을 제외하면, 18세기까지의 작법서

// 제임스 티소 『기차를 기다림(윌즈덴 연락역)』 1871~1873년. 커다란 트렁크를 발밑에 잔뜩 늘어놓고, 런던 근교의 역에서 기차를 기다리는 여행 차림의 여성.

는 남성 독자를 위한 것들이 많았다. 즉, 용기와 사랑을 지닌 정의의 기사로서 경의를 받고, 예의 바르고 교양 있는 신하로서 출세하기 위한 '비즈니스 서적'이 주류였다고도 볼 수 있다.

🌿 빅토리아 시대의 에티켓을 찾아서

19세기의 '에티켓' 책은 이러한 '예의작법서'와는 약간 달랐다. 쓰는 사람도 읽는 사람도 여성이 압도적으로 우세했고, 여성의 도덕을 설명하는 책과 사람과 사귀는 기술을 가르치는 실용서가 장르로 구별되어 있었다. 책 한 권의 구성도 다르다. 빅토리아 시대의 에티켓 책은 소개나 인사 방법부터, 정찬회나 무도회를 여는 법, 여행, 관혼상제 등 사람들과 교류할 때의 상황에 맞춰 각 장을 구별해두었다. 19세기 말에 발행된 책의 각 장의 제목을 보면, 무도회 같은 고풍스러운 행사를 제외하면 오늘날 서점에서 파는 책들과 그다지 큰 차이가 없기도 하다.

이 책도 이러한 빅토리아 시대의 에티켓 책과 큰 틀에서 비슷한 흐름의 장으로 구성했고, 당시의 중류층 여성들의 사교 생활을 재현해보고자 한다. '이 책이 있으면 빅토리아 시대의 에티켓을 몸에 익힐 수 있다', '갑자기 당시의 사교계에 가게 되더라도 살아남을 수 있다'——까지는 잘 모르겠지만, 그녀들의 심정을 상상하고 에티켓에 따라 무슨 일이 벌어지는지, 뭘 얻을 수 있는지 그 영향을 보려 한다.

// (왼쪽)제임스 티소 『프라이즈 메이드』 1883년. 남성이 문이 닫히지 않도록 지탱하며 신부 들러리 여성을 마차에 태우는 모습.

∬ 조지 5세와 메리 왕비 앞에서 깊이 허리를 숙인 채 소개된다. 사교계에 데뷔하는 젊은 여성을 '데뷔턴트'라고 부른다. 「런던의 사교 캘린더」 1910년대.

∬ 윌리엄 포웰 프리스 「오페라에서」 1855년. 고급 정장에 장갑과 외투(클로크)를 두른 젊은 여성. 아마도 프라이빗 박스 석에 앉아 있을 것이다.

사교계란 무엇인가

애초에 사교계란 도대체 무엇일까.

문자 그대로라면, 사람과 사람이 사교를 하는 세계를 말하는 것일 텐데, 이 단어에 떠오르는 이미지는 좀 더 고급스럽고 번쩍번쩍한 느낌이다. 이 책에서 말하는 '19세기 영국의 사교계(소사이어티)'란 '상류 사교계'를 말한다. 영어로 '하이 소사이어티', '굿 소사이어티' 또는 '패셔너블 소사이어티' 등으로 불리는 한정된 사람들의 집단을 가리킨다.

19세기 중반, 정치가나 귀부인들의 상담역으로 중용되었던 번역가이자 에세이스트인 에이브라함 헤이워드는 '사교계란 무엇인가'라는 질문을 받았을 때, 이렇게 대답했

〃 1910년대 전반의 애스컷 경기장에 신사숙녀가 모였다. 여성들은 다양한 밝은 색 드레스에 커다란 모자를 썼고, 남성은 회색 또는 검은 모닝을 입었다. 『런던 사교 캘린더』에서.

다고 한다. '알고 지내는 사람들'이라고. 즉, 당시의 사교계란 서로의 친지나 인정한 지인들끼리 만드는, 형태가 없는 마을 같은 것이었는지도 모른다.

사교계는 전체로 하나의 마을을 형성하고 있지만, 그 내부에는 또다시 작은 집단이 있다. 빅토리아 여왕을 중심으로 한 궁정 주변의 그룹. 주변에서 인정하는 상급 귀족 그룹. 여왕의 아들 알버트 에드워드, 즉 에드워드 7세가 이끄는 그룹은 그의

런던 주거지의 이름에서 따와 '말버러 하우스 셋(Marlborough House Set)'이라 불렸으며, 멤버는 가문이나 고귀함보다 유복함, 도박이나 스포츠 취향, 미모 등의 요소로 선택되었다. 예술가, 문학계의 명사 그룹이나 금융으로 재산을 모은 집단 등도 있었다.

배경 문화나 관심사, 무엇보다도 재산이 얼마나 있느냐에 따라 동료 집단(세트) 사이에 벽이 있었으나, 부분적으로 겹치는 요소도 있었을 것이다. 당시 사교계에 발을 들이려는

// 곱게 치장하고 공원을 산책(프롬나드, promenade)하는 것은 사교 방법 중 하나. 1910년대.

지망자는 이런 집단끼리의 접점을 관찰해 돌파구를 찾아내고, 더 안쪽, 더 중심을 목표로 했을 것이다.

사교계로 들어가기 위한 의식과 그 자격

빅토리아 시대 후반의 상류 사교계에 출입하는 집안에서 태어난 '좋은 집안의 영애'들은, 17~18세가 되면 봄에 런던 버킹엄 궁전으로 가 여왕이나 왕태자 부처에게 소개되었다. 독특한 궁정용 드레스로 몸을 감싸고, 처음으로 왕족 앞에 나서서 연습을 거듭한 예의범절을 피로하는 것이 '사교계 데뷔(커밍아웃)'의 증표였다. 이렇게 '데뷔'한 사람은 사교계에 들어간 것으로 인정되었다. 상류

//̸ 5월 또는 6월의 엡솜 경마장에서 더비가 열린 다음 일요일에는, 하이드 파크에 회원제 마차 클럽이 집합해 구경꾼으로 매우 혼잡했다. 1910년대.

계급의 남성과 결혼한 기혼 여성도 다시 알현할 기회를 얻었다.

왕궁 알현은 옛날에는 상류 계급의 귀족이나 지주에게만 허용된 영예였다. 하지만 『상류 사교계의 매너와 관습』(1879)에 의하면, 이 시점 즈음에 이미 중류 계급 중 상층부의 부인이나 딸에게도 문호가 개방되어 있음을 알 수 있다. 즉, 상급 법률가,

육·해군 장교, 성직자, 내과의 등 전통적으로 신사의 영역으로 여겨지던 전문직과, 무역업·금융업·제조업 등으로 성공한 자산가, 거상, 고명한 예술가 등등이 여기에 해당된다. '장사를 하는 사람'은 신사가 아니라고 무시당했기 때문에, 자신 또는 부친이나 남편이 실질적인 소매업을 하는 여성은 '엄격한 선긋기'로

퇴짜를 맞았으며, 왕궁으로 들어갈 수 없었다고 한다.

또, 이 의식의 기준에는 엄격한 도덕이 요구되었으며, 불륜, 이혼, 사랑의 도피 등 '추문'도 경원시되었다. 예를 들어, 세인트 레너드 경 에드워드 새그든은 1852년에 법률가로서 최고 지위인 대법관까지 올라갔으며, 남작 작위를 수여받았다. 보통은 이때 부인이 알현을 할 수 있어야 했지만, 배제당하고 말았다.

이것은 부부가 젊었을 때 정식으로 결혼하기 전에 사랑의 도피를 했고, 동거를 하면서 아이까지 낳았던 과거의 사정이 원인인 것으로 보인다. 먼 과거의 일이었다 해도, 여왕이 원하는 기준에는 미치지 못했던 모양이다.

어떤 사적인 사정으로 배제당한 사람, 신분이 수준 미달한 사람, 애초에 호사스러운 궁정용 드레스나 예법 레슨 등에 들어가는 거액의 데뷔 비용을 지불할 수 없는 사람은 뭔가 다른 길을 찾게 된다.

또, 이 알현 의식은 1958년까지 계속되었으나, 엘리자베스2세 때 폐지되었다.

런던 사교기와 '고급스러운 주소'

빅토리아 여왕 시대, 봄부터 초여름의 런던에서는 영애의 데뷔만이 아니라 수많은 사교계의 연회가 있었고, 대부분의 상류 계급 사람들이 교외의 영지에서 수도로 모여들었다. 이 시기를 '런던 사교기(시즌)'라 부른다.

유복한 귀족이나 지주라면 자신들의 타운 하우스에 머물렀고, 그렇지 않은 사람들은 남의 집을 빌려 임시로 거주했다. 최상급 집단은 그린 파크에 인접한 세인트 제임스 지역, 하이드 파크 근처의 메이페어 지역, 주소로 말하면 파크 레인, 피카델리, 그로브너 스퀘어 근처에 훌륭한 주거지를 가지고 있었다. 그들을 따라 잡고 싶은 계급의 사람들은 하이드 파크 남쪽의 켄징턴, 북쪽의 베이즈워터 등의 주택가에 머물렀다. 자금이 부족한 사람은 런던 교외에 자리를 잡고, 철도를 이용해 사교기에 참가했다고 한다. '방문 카드'(제1장 참조)에 인쇄되는 주소가 고급스러운 인상을 줄 수 있는지는 매우 중요한 관심사였다.

// 제임스 티소 『온실에서(라이벌들)』 1875~1878년경. 에프터눈 티에 초대한 손님을 드레스를 맞춰 입은 자매가 응대하고 있다.

런던 사교기의 이벤트

애초에 1년마다 사교계가 런던으로 통째로 옮겨오게 된 것은 의회의 개회에 맞춘 것이었다. 작위가 있는 세습 귀족의 당주라면 자동으로 귀족원의 의석을 점유했다. 그 이외의 야심과 공공심을 지닌 남성이라면, 선거에 당선해 서민원에 들어가 정치에 관여하는 것이 신사다운 삶의 길 중 하나였다. 빅토리아 시대에는 의회가 2월부터 시작되었다.

그렇다고는 해도, 사교기가 본격적으로 막을 올리는 것은 5월 초순, '왕립예술원(로열 아카데미)'에서 매년 열리는 전람회의 내부 관람일부터였다. 가장 왕성한 시기에는 매일같이 무도회, 정찬회 등 다양한 형태의 파티가 열렸다. 낮에는 하이드 파크의 로튼 로우에서 승마, 저녁때는 지붕이 없는 마차로 외출했으며, 차 시간에는 친한 친구들을 방문하거나 대접하기도 했다. 전람회, 음악회, 오페라나 연극 감상도, 경마, 폴로, 크리켓, 보트 등의 스포츠 관전도 모

// 아이들을 위한 크리스마스 파티. 『런던 사교 캘린더』 1910년대.

두 사교의 일환이었다. 상류층의 신 사숙녀에게는 이벤트 그 자체보다 동료들과 만나 인사를 나누고, 한껏 치장한 모습을 서로 보여주는 것이 목적이었던 모양이다.

사교계의 1년

8월에는 와이트 섬의 카우즈에서 왕실이 후원하는 요트 대회가 있다. 여왕은 이 섬의 별궁 오즈본 하우스로 이동했고, 주변 상류 그룹도 모두 이동했다. 그렇기에 이 시기는 '카우

/// 노포크 주의 별장 '샌드링엄 하우스'에서 엽총 사냥을 즐기는 에드워드7세. 1900년대.

즈 위크'라 불린다.

8월 12일, 뇌조(雷鳥, 들꿩과의 새-역자 주) 사냥이 해금되는 '영광의 12일 (Glorious twelfth)'이 찾아오면 런던 사교기는 완전히 끝나고, 상류층 사람들은 새 사냥이 가능한 스코틀랜드 방면으로 떠났다.

9월 1일에는 반시(半翅, 꿩과의 새-역자 주), 10월 1일에는 꿩 사냥이 해금된다. 사전에 영지에서 키워두었던 새들을 대량으로 풀고, 덤불을 두드려 날아오를 때 산탄총으로 쏜다. 이러한 '총 사냥(슈팅)'은 빅토리아 시대에 세련된 방식으로 발전되었고, 며칠 동안의 주말 파티가 유행하게 되었다. 총 사냥을 하기 좋은 토지와

손님이 묵어갈 수 있는 아름다운 저택을 보유하고, 사냥터지기에게 사냥감을 키우게 했으며, 사격의 명수, 말을 잘하는 사람, 미녀들을 모아 왕태자나 유력한 귀족들을 초대한다. 이것은 지위 상승을 노리는 사람들에게는 사교계에서 출세하는 길 중 하나였다. 물론 왕실 사람들이 만족할 만한 대접을 하기 위해서는 막대한 예산과 상응하는 인맥이 필요했다.

말을 타고 사냥개와 함께 달리며 유해한 짐승인 여우를 추격하는 '여우 사냥(헌팅)'은 암묵적인 동의하에 11월부터 4월이 시즌이었다. 이러한 가을부터 겨울에 걸친 사교의 장

은 전원 지대의 컨트리 하우스 체재
형 파티였다. 사냥에 동반되는 무도
회나, 가족이 중심이 되는 크리스마
스 파티, 연말연시의 호화로운 파티
를 지나, 봄이 오기 전에 따뜻한 남
쪽 리조트 지역이나 해변 마을로 추
위를 피해 이동하는 것도 유행했다.
　그리고 다시 봄이 찾아온다. 번영

기 영국의 상류 사교계는 나라 끝에
서 끝으로, 때로는 국외로 전체가 이
동해가면서 활동했다.

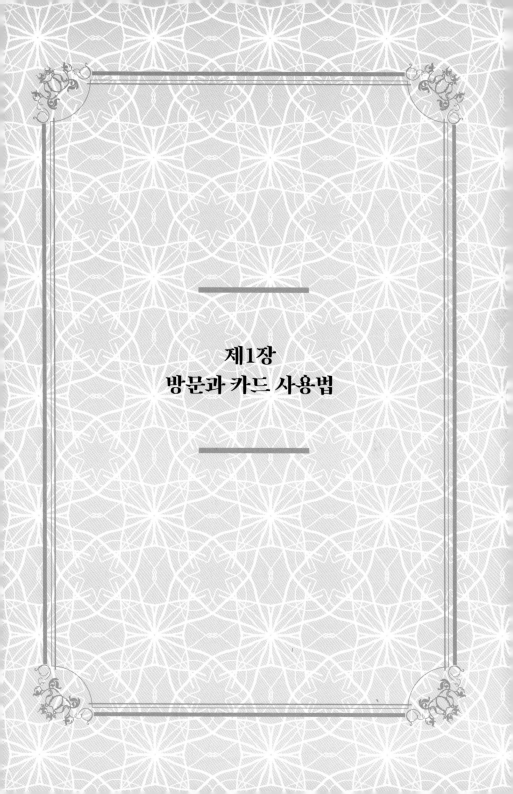

제1장
방문과 카드 사용법

// 조지 굿윈 킬번 「빈곤한 친척」 1875년. 유복한 중류 계급의 취향으로 잘 정돈된 응접실에서 여주인(왼쪽)이 매우 비슷한 얼굴 생김새의 젊은 여성과 그 부친의 방문에 응대하고 있다. 돈 상담인 걸까.

🌿 에티켓 북의 독자와 작가

　상업의 중심인 잉글랜드 같은 나라에서는 사람들이 차례차례 출세하게 됩니다. 작은 가게 주인은 거상으로, 기계공이 공장주로. 부를 손에 넣으면 윤택한 생활 스타일, 고가의 가구, 호화로운 은식기 등 쓸데없는 사치품을 좋아하게 되지만, 그들은 그런 것들을 어떻게 써야 유용한지 알지 못합니다. 즐거움을 손에 넣는다 해도, 그런 출세 스피드에 어울리는 매너를 익

//' 왼쪽부터. 종합적인 에티켓 북. 잡담의 힌트에 특화된 책. 오른쪽 두 권은 댄스나 무도회 책이다. 1880~1900년대.

히는 사람은 드문 편입니다. 그런 사람들은 야심을 품고 사교계에 들어가려 할 때, 돈의 힘만으로는 들어갈 수 없다는 것을 반복되는 굴욕과 함께 뼈저리게 느끼게 됩니다.

『에티켓의 힌트와 사교계의 관습』(1849년 제26판)

빅토리아 시대 전반의 에티켓 북에는 독자를 '돈만 있어서 계급의 사다리를 한 단계 올라가려 하지만, 매너가 없는 천한 사람들'로 단정하고, '고귀한 사람들'이 받아들일 수 있는 매너를 가르쳐주겠다는 식의 태도로 쓰인 것들이 많았다.

갑자기 풍요로워져 계급 상승을 위해 노력하는 중류 계급이라는 것은, 약간 고정관념 같은 관점이긴 해도 분명히 존재했기 때문이다.

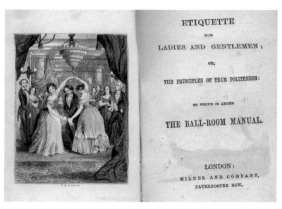

/// 컬러 권두 그림이 있는 작은 에티켓 북. 1862년.

　개중에는 독자가 자신을 투영하기 쉽도록, 구체적인 인물상을 상정한 글도 있었다. '귀족 친척이 있는 목사의 딸'이나 '상류층 숙모가 있는 시골에서 자란 젊은 여성', '양친을 간호하느라 사교 경험이 부족한 젊은 부인' 등등—— 고귀한 신분과 교양은 있으나, 사교 지식과 경험은 부족한, 수수하고 세련되지 못한 신혼 주부라는 히로인상이 보이기도 한다. 사실 이것은 실제 독자층보다 수입도 환경도 약간 높은 선에서 쓰인 모양이라, 받아들이는 쪽의 허영심과 미지의 세계에 대한 호기심을 자극했을 것이다.

　한편, 쓰는 쪽은 '귀족의 일원'이나 '사교계에 정통한 사람', '왕실 관계자', '어느 백작부인' 등의 필명으로 상류 계급에 속해 있다는 뉘앙스를 풍기며 본명을 숨기는 작가들이 많았다. 하지만 익명을 사용하는 점에서 이미 정체는 수상하다.

출판사 입장이 되어 생각해보면, 신빙성과 화제성을 높이기 위해 고액의 보수를 지불해서라도 실존 귀족 이름을 쓰고 싶었을 텐데, 그런 종류는 매우 적다. 자칭 '왕실과 가까운 인간'이던 익명의 저자가 중쇄를 거듭하다 보면 책 내용은 그대로인데도 이름만 바꾸고, 왕실이나 귀족과의 특별한 연결고리는 없었던 예도 있다. '에티켓 북을 쓰는 것'을 귀족으로서 부끄러운 행위라 여겼던 흔적도 있으나, 고귀한 신분이라 부르짖던 필명 뒤에 숨은 실체는 대부분 그렇지 않았다는 것이 진상에 가까울 것이다.

🌿 사교계로 가는 길

에티켓이란, 사교계 주위에 구축된 방벽입니다. '법'의 힘이
미치지 않는 보호를 받게 해주며, 건방진 사람, 무례한 사람, 천
한 사람의 침입을 막는 방패가 되기도 합니다. 재능도 섬세함
도 지니지 못한 둔감한 사람들은 항상 밀고 들어오려 하지만,
사교계에서 그런 사람의 존재는 감정이나 관습이 다르기에 때
로는 불쾌감을 초래하며 견딜 수 없게 만듭니다.

『에티켓의 힌트와 사교계의 관습』(1849)

에티켓은 여행자에게는 꼭 필요한 패스포트, (중략) 신사숙녀
를 하나의 그룹으로 엮는 실크 실, 고귀한 인간을 구별하는 징
표, 그리고 야심을 품은 자들에게 요구되는 기준입니다.

『레이디를 위한 에티켓 매뉴얼』(1856)

사교계란 앞 장에서 말했던 것처럼, 귀족이나 지주 등 상류 계급
사람들이 교제하는 커뮤니티다. 거기에는 권력, 권위를 가능한 한
적은 수의 사람들이 쥐게 하며, 신참자가 너무 많이 늘어나지 않도

_// (오른쪽)알프레드 스티븐스 「방문」 1870년대. 솔과 모자를 써 외출에 어울리는 차림
을 한 여성이 가운을 입고 쉬는 여성을 방문했다._

록 막으려는 힘이 존재한다. 사교계에 속한 집안에서 태어나고 자란 사람이라면, 당연히 몸에 익혔을 터인 풍습도 외부 사람들은 알 수 없다. 그렇기 때문에, 귀족 세계의 기본적인 교제 룰을 익히고 있는지의 여부가 안과 밖을 판별하는 기준이 되었다. 에티켓이 사교계를 '천한 사람들'로부터 지키는 벽이 되었고, 또한 벽을 통과하기 위한 암호가 되기도 했던 것으로 보인다.

에티켓 북의 저자들은 위로 올라가고 싶어 하는 사교계의 외부인들에게 벽을 통과하는 방법을 가르쳐주겠다며 꼬드긴다. 그렇다면, 구체적으로 그 방법이란 어떤 것이었을까.

사교 개시――전원 지대의 경우

여기서 당신이 이 에티켓 북을 필요로 하는 계층에 속한 당시의 독자였다고 가정해보자. 비즈니스로 성공한 남편을 둔 젊은 부인일지도 모르고, 식민지에서 태어난 지주의 먼 친척일지도 모른다. 아니면 원래는 메이드나 재봉사 등 노동자 계급 출신이었는데, 돈 많은 남자의 마음을 사로잡아 귀부인 자리를 꿰찬 건지도 모른다. 경험이나 지식은 적지만, '사교계'에 막연한 동경과 야심을 품은 젊은 기혼 여성이 어떻게 하면 그들 사이에 낄 수 있을지 힌트를 찾아 에티켓 북을 펼친다. 그러면 책 시작 부분에서 '소개'나 '방문' 방법을 발견할 수 있을 것이다.

당신이 사는 곳이 전원 지역인지 도회지인지에 따라 사교계에

/// (위)<사교계에서 성공을 경쟁하는 라이벌> 공작부인 저택의 소규모 일류 파티에서 신분과 칭호는 없지만 미모로 출세해온 두 사람이 불꽃을 튀긴다. "어떻게 여기까지 (기어올라) 왔지?", "물론 마차로 왔지. 걸어올 리가 없잖아." 조지 듀 모리에의 풍자만화. 「펀치」 1880년 6월 5일.

/// (아래)켄징턴이나 베이즈워터 근처의 높은 상류는 아니지만 '좀 좋은 사교계'의 모습. 찰스 에어 파스코 「오늘의 런던」 1893년판.

들어가는 방법이 달라진다. 전원 지역은 광대한 토지를 지닌 귀족, 지주, 교구의 목사 등이 근처 지역 상층부를 점거하는 신사숙녀 커뮤니티를 형성한다. 그렇다면 어서 가장 높은 분에게 인사를 가야 하지 않나 하고 생각하는 것은 현대의 감각이며, 토지의 유력자 쪽에서 신참을 방문하는 것이 전통적인 관례였다.

『사교 관습』(1896)에 따르면, 중류 계급인 당신의 집에는 아마도 '지역 교구의 목사와 부인과 딸'이 가장 먼저 찾아올 것이다. 그 뒤를 이어 지역 사교계의 사람들, 즉 근린 교구의 목사나, 근처의 지주 일가 등이 이르든 늦든 찾아온다. 상대의 방문을 무사히 통과하면 답례로 이쪽에서도 가게 되면서 교류가 시작된다. 사교의 개시도, 깊이 사귈 것인지도, 계속할 것인지도 모두 기본적으로 신분이 높은 쪽에 선택권이 있었다.

이사 간 곳에서 시작되는 사교의 방향을 '집'이 좌우하는 경우도 있다. 이보다 조금 훗날에 나온 『사교계의 방법』(1914)에 의하면, 설령 이전 주인과 혈연이나 교류가 없었다 해도 이사 간 '집'의 평판이 나쁘면 아무도 와주지 않는 경우도 있었다고 한다. 또, 가게가 어려워져 작은 집으로 옮기거나 하면 전보다 '격이 낮은' 상대밖에 찾아오지 않는다. 사교계에서 지위를 높이고 싶다면, 안락함이나 편리함만이 아니라 집 크기도 고려할 필요가 있었던 모양이다.

// <다른 식으로 말했어야 했다> 하나의 건물을 얇은 벽으로 나눈 중류층용 교외 주택 '세미 디태치드 하우스(Semi detached hous)'의 이웃 두 사람. "요즘은 거의 보질 않았네요." "하지만 당신이 그쪽에 있는 건 벽 너머로 알 수 있으니까 안심이 되네요." 『펀치』 1889년 6월 15일.

🌿 도회지의 사교계, 첫걸음

이니셜을 대문자로 'Society(사교계)'라고 당당하게 표기했을 경우, 그것은 특별한 지정이 없다 해도 '런던 상류 사교계'를 가리켰다. 이러한 영국 상류 사교계 사람들은 5~7월 초여름이 되면 의회의 개회에 맞춰 런던에 모였다. 자신이 소유한 타운 하우스로 이사하거나, 고급스러운 일등지에 집을 빌리는 등의 방법을 통해 '런던 사교기(시즌)'에 돌입했던 것이다.

// 런던 사교기. 낮의 하이드 파크에는 산책하기 좋은 복장의 남녀들이 모였다. 『카셀즈 패밀리 매거진』 1891년.

　사교계와는 아직 인연을 만들지 못한 당신이 '사교기'를 맞아 갑자기 런던으로 가는 것은 좀 무모할지도 모른다. 도회지는 시골과 달리, 아무리 기다려도 유력자가 찾아오는 일은 없기 때문이다. 하지만 런던 사교계에서의 '첫걸음'을 어떻게 해야 하는지 실례가 자세히 적혀 있는 책은 적다.

　남아도는 재력을 자랑하는 '신흥졸부' 중에는 '아무나 데려와도 되는 호화로운 만찬회'를 대대적으로 개최해 연줄을 만들려는 사람도 있었다고 한다. 또, 19세기 말부터 20세기 초에는 곤궁한 귀족 여성이 고액의 보수를 받고 젊은 아가씨를 사교계에 소개하는 비즈니스를 했다는 기술도 있다. 험프리 부인의『매일의 에티켓』(1902)에 의하면, 그러한 여성들의 보수액은 1주일에 10기니(10파운드 10실링, 하급 메이드의 '연수입' 정도에 해당)부터, 놀랍게도 사교기 1회에 1,000파운드(소지주의 연수입에 해당)까지 폭이 넓었다고 한다.

　아무튼, 돈을 아끼지 않고 지위를 사려는 것은 일반적인 중류 계급의 부인이 할 수 있는 일은 아니다. 우선 친한 친구, 친척이나 지인부터 시작해서, 지인의 지인, 또 그 지인의 지인을 소개받아 나아가게 될 것이다.

🍃 '소개'의 순서

　점찍은 상대와 꼭 가까워지고 싶다고 생각했을 때, 예를 들어 서로 모르는 수많은 사람들이 모이는 타인의 파티에서, 잡지 같은 걸로 일방적으로 얼굴을 아는 유명인을 발견했다 해서 갑자기 다가가 자기소개를 하는 건 중대한 에티켓 위반이었다. 반드시 양쪽 모두를 아는 누군가의 소개를 받아야만 했다.

　'소개'는 원칙적으로 신분이 낮은 자를 높은 자에게 소개한다.

// 노 귀부인이 신분이 없는 지인의 어린 여성에게 친척 신사들을 소개한다. 계급이나 연령차가 있다 해도, 사교의 순서상 남성보다 여성을 위로 취급했다. 「카셀즈 패밀리 매거진」 1883년.

예를 들어 서민 A부인이 귀족 B경 부인에게 자기소개를 하고 싶을 경우, 중개인은 반드시 신분이 높은 쪽의 의향을 사전에 확인했다. 반대로 말하자면, 신분이 높은 사람이 낮은 사람과 친해지고 싶을 경우에는 낮은 쪽의 의향 확인은 필수는 아니었다고 적힌 책도 있다. 아무튼, 양해를 얻으면 서로를 소개하고, 'A부인입니다.

B경 부인'이라고 소개한다. 순서가 반대가 되면 안 된다.

　남성과 여성을 소개할 때는 여성의 의향을 확인한 후 남성을 여성에게 소개한다. 즉, 개별의 신분보다 성별에 의한 관계가 선행되며, 에티켓상 다양한 장면에서 여성이 남성보다 위로 취급되었다. 그렇다고 해서 당시의 여성 지위가 남성보다 높았다고는 할 수 없다.

빅토리아 시대의 사회에서는 '체력만이 아니라 지력, 이성 등의 면에서 남성은 여성보다 원래 우수하다'고 생각되었으며, 아래 입장인 딸은 아버지의, 부인은 남편의 의향을 따라야만 한다는 가치관이 널리 공유되고 있었기 때문이다. 예를 들어 『레이디를 위한 에티켓 포켓 북』(1835)에는, 소개를 받을 때 에티켓에 따라 여성은 남성보다 상위의 입장에서 남성을 여성에게 소개한다는 기본 룰을 소개한 후, 다만 집단으로서의 여성은 남성 아래에 있으며, '남성이 모여 있는 방에 여성이 들어간 경우는 여성을 소개한다', '개별적으로는 남성보다 우선하지만, 남성이 다수인 경우에는 우선시하지 않는다'고 했다.

또, 신분 · 지위 · 성별이 같을 경우는 미혼보다 기혼, 연령이 높은 쪽을 위로 취급했다.

🌿 편지로 하는 소개

그 어떤 에티켓 북을 보더라도, 친구에게 소개를 부탁받았다면 세심한 주의를 기울여야 하며, 굉장히 친한 사이이고 인품을 잘 알고 있을 때만 해야 함을 강조하고 있다. 그럼에도 꼭 어떤 사람을 소개받고 싶다, 조금이라도 힘이 있는 연줄을 원하는 당신은 친한 지인에게 소개 편지를 써달라고 부탁하기로 한다.

소개를 부탁받은 사람은 해당하는 상대에게 '제 친구가 여기 와 있으므로, 꼭 한번 찾아와 주십시오. 좋은 사람이고, 취향이 맞으

리라 생각하므로…' 등등, 예의바른 형식을 취하면서도 친밀함을 담은 문장을 편지지에 작성한 후, 봉투에 넣고 봉납을 붙이지만 '봉하지는 않은', 만약 내용을 확인하고 싶다면 읽을 수 있는 상태로 넘겨줄 것이다. 당신은 그 봉투에 자신의 주소를 인쇄한 '방문 카드'를 첨부하고, 왁스를 더해 다시금 봉인하고 상대에게 보낸다.

소개 편지를 절대로 본인이 지참해서는 안 됩니다. 그보다 더할 수는 없는 창피를 당하게 될 겁니다. 상대가 편지를 읽는 동안, 당신은 마치 꼭 답을 받아 돌아오라는 명령을 받은 하인처럼 기다리는 처지가 되고 맙니다. (중략) 받은 편지를 무시하는 사람은 매너가 없다고 할 수 있습니다만, 만약 이런 상대에게 직접 편지를 지참하고 갔을 경우, 굉장히 무례한 취급을 당할 것임은 분명합니다. 상대에게 선택의 여지를 주는 쪽이 최소한 당신 쪽에서는 정중하고 느낌이 좋은 태도라 할 수 있습니다. 만약 편지를 받은 사람이 정말로 교육을 잘 받은 사람이라면, 다음 날 당신의 집을 방문하거나, 카드를 두러 와줄 것입니다. 그렇게 되면 당신은 그 주 안에 답을 해야만 합니다.

『라우트리지의 에티켓 입문』(1870년대)

대답이 전혀 없다면, 포기할 것. 방문을 받았다면, 일보 전진하라는 표시다. '카드만 보냈다'면 거의 실패일지도 모르지만, 어쨌든 당신은 다음 스텝으로 나아가게 된다. 매너를 위반하지 않도록 주의깊게 거리를 좁혀가는 것이 기본 룰이다.

🐾 방문 카드는 심플

세련되지 못한, 교육을 제대로 받지 못한 인간이 보기에 방문 카드는 시시하고 받아봐야 별 것도 아닌 그저 종이쪼가리에 불과합니다. 하지만 사교의 규칙을 배운 사람에게는 미묘하지만 틀림없는 정보를 전해줍니다. 종이의 감촉, 글씨체, 그 카드가 놓인 시간대를 조합하면 거기 적힌 모르는 이름의 사람이 기분 좋은 태도인지 불쾌한지를 판별할 수 있습니다. 매너나 말투, 얼굴보다 먼저 방문 카드를 보면 그 사람의 사회적 지위는 손바닥 보듯 알 수 있습니다.

『유행의 귀감』(1881)

방문 카드와 '방문'에는 세밀한 룰이 있다. 특히 카드 사용법은 굉장히 까다로워서, 에티켓 북이나 잡지의 매너 입문 기사에도 반

/// (왼쪽)레베카 솔로몬 『면회 약속』 1861년. 외출 후 돌아와 편지를 읽는 여성. 거울 너머에는 그 편지를 보낸 것으로 보이는 남성의 모습이 보인다.

// (위)19세기 초에 런던에서 만들어진 방문 카드. 가장자리 장식과 음각 인쇄, 채색으로
화려하지만, 19세기 후반에는 간소하게 양식화된다.
// (아래)왼쪽은 남편의 방문 카드로 4×7.5cm. 오른쪽 카드에는 부인과 딸의 이름이 함
께 인쇄되어 있으며, 6×9cm이다. 남성보다 여성의 카드가 크다. 1900년경.

드시 많은 페이지를 할애해 해설되어 있다.

빅토리아 시대 후기의 방문 카드 사이즈는 여성용은 세로 2.5×
가로 3.5인치(약 6.4×8.9cm). 남성용이 더 작아서, 1.5인치×3인치
(약 3.8×7.6cm). 남성이라면 소속된 신사 클럽, 여성이라면 '재택(앳
홈)'과 요일을 희고 얇은 종이에 심플한 글씨체로 인쇄한다.

에티켓 북의 기술에 의하면, 영국에서 컬러 인쇄나 공을 들여 디
자인한 카드는 좋은 평가를 받지 못했다. 모리스 리카즈의『종이

The Misses Colby.	Mrs. George B. Berry. Miss Berry. Tuesdays.　6 Madison Square.
Dr. & Mrs. A. G. Bebee. Wednesday.　165 Park Ave.	Clarkson F. Jacques. Farrington & Co., New Orleans, La.
Miss Dalrymple.	Mr. & Mrs. A. Bruen. Miss Bruen.
Mary D. Wells, M. D.	Mrs. John Johnson. Five o'clock Tea. Monday, May 16,　5-8.

// 1880년대 미국의 예의범절 매뉴얼에 게재된 방문 카드 샘플 모음. 중앙에 경칭을 붙인 이름을 배치하고, 오른쪽 아래에 주소, 왼쪽 아래에 방문을 바라는 요일 등을 기록했다.

사전』(2000)에 의하면, 비즈니스용 명함이나 샵 카드, 유럽이나 미국에서 만들어진 방문 카드는 화려하고 공을 들인 디자인이 많았고, 그것들과 달리 19세기 후반의 영국에서는 사적인 방문 카드 사양은 엄밀하고 간소했다고 한다. 장사를 위해 이목을 끌기 위함이 아니라, 개인적인 사교에 쓰는 것이기에 심플하고 고급스러운 것만 사용한다는 프라이드와 미의식이 느껴진다.

　공작부터 자작까지의 귀족 당주와 그 부인은 '데본샤 공작부인',

'넬슨 자작'처럼 작위 이름을 표기한다. 그 이외의 사람은 레이디, 로드, 서, 미세스, 미스터, 목사나 닥터 등의 올바른 경칭과 함께 이름이나 작위명을 표기한다. 준남작이나 기사 종류를 나타내는 약자는 원칙적으로 붙이지 않는다. 그렇게 하면 카드의 경칭을 보기만 해서는 신분을 알 수 없는 상황도 벌어지지만, 상대가 귀족이라면 나중에 지니고 있는 『바크』나 『데블릿』 같은 두꺼운 귀족 명감(다양한 귀족 가계의 역사를 선조까지 거슬러 올라가 해설한 연감)을 꺼내 보면 분명히 나와 있을 것이니 문제는 없다. 그리고 여기에도 '사적인, 개인과 개인의 관계입니다'라는 전제로 시작하고 싶어 하는 절제된 표현을 좋아하는 문화가 드러나 있는 것으로 보인다. 애초에 일단 사교가 시작되면 세세한 룰을 지키며, 직함이나 상하관계를 완벽하게 파악해야 하지만 말이다.

🍃 방문 순서는 무척 복잡하다

여성들은 어지간히 친한 친구 이외의 지인의 '방문'을 오후의 점심 식사 이후부터 저녁식사 전인 3~5시 정도까지, 약속 없이도 받아들이는 관습이 있었다. 이런 의례적인 방문을(이미 오후이긴 하지만) '아침 방문(모닝 콜)'이라 불렀다.

그럼 당신이 '방문'하러 갔다고 하자. 상대가 당신과 동등하거나 그 이상인 신사 숙녀의 집인 경우, 현관의 벨을 울리면 하인이 맞이할 것이다. 대귀족의 집이라면 훌륭하게 차려 입은 핸섬한 풋맨

/// 귀족 여성의 응접실에 남성 방문자가 들어온다. 『카셀즈 패밀리 매거진』 1883년.

이 나올 것이며, 검소한 하층 중류 계급의 집이라면 요리나 청소 등 가사를 도와주는 메이드 오브 올 워크가 가사 일을 멈추고 황급히 깨끗한 에이프런을 들고 달려올 것이다.

일단은 상대도 당신과 비슷한 정도의 중류 계급이며, 메이드가 나왔다고 하자. 자, 그녀한테 여주인에게 안내해달라고 부탁할 것인가? 아니면 방문했었다는 표시로 자신의 카드만 넘겨줄 것인가? 이럴 때는 우선 상대에게 받은 행위를 그대로 되풀이하는 것이 기

여주인 : "기쁘게도, 우리 집은 이 근처에서도 초인종이 울리는 횟수가 가장 많답니다"(인기가 있다는 자랑). 방문객 : "그렇군요. 저도 5번이나 울렸어요"(불러도 안 나오는 게으른 메이드를 고용한 것뿐이잖아, 라는 비아냥). 『펀치』 1889년 7월 6일.

본 순서이다. 상대가 방문을 했었다면 '사모님이 집에 계신지 아닌지'를 묻고, 안내를 부탁한다. 상대에게 카드만 받았다면, 메이드에게 '○○ 부인에게'라고 전하고는 카드만 맡기고 돌아온다.

일이 순조롭게 풀려 만나게 된다면, 오래 있지 않겠다는 의사 표시로 모자, 코트나 장갑 등을 벗지 않고 메이드의 인도를 따라 응접실로 간다. 여주인과 악수를 하고, 자리를 권하면 15~20분 정도, 예의바르게 대화를 나눈다. 돌아갈 때는 자연스럽게 현관 홀 테이블에 '남편의 카드를 한 장' 두고 돌아간다. 홀 테이블에 '카드함'이 놓여 있는 경우도 있는데, 이건 함정 같은 것이라 여기 넣는 행위는 에티켓에 어긋나는 것이었다고 한다.

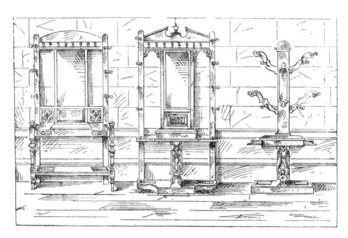

응접실까지 갔을 때 그 방의 테이블에 놓는 것도 꽝이다. 홀의 테이블에 살짝 두고 오는 것이 정답이다.

반대로 말하자면, 이러한 사교를 하는 집일 경우 홀 또는 현관을 들어가면 바로 있는 복도(아무리 좁아도 이것도 홀이라 부른다)에는 테이블이 있는 것이 당연했다. 한정된 공간에 수납하기 위해, 위판을 반원형으로 만들어 벽에 딱 붙는 타입의 홀 테이블이나, 우산꽂이, 모자걸이가 일체화된 가구 등도 널리 쓰였다.

그런데 응대하러 나온 메이드가 '부재중이십니다'라고 말할 가능성은 높다. 이건 정말로 자리를 비웠을 때만 하는 말이 아니라, 사실은 안쪽에서 다른 일을 하는 중일지도 모른다. 하지만 '낫 앳

홈'이라는 대답은 '거짓말을 하려는 것이 아니라, 뭔가의 이유로 방문자를 만나고 싶지 않음을 나타낼 때 쓰는 말'(『상류 사교계의 매너와 관습』1879)이며, 사교상 인정된 정형적인 표현이었다. 집에 없다 해도 상처를 받아서는 안 되는 것이다.

이렇게 만나지 못했을 때도 카드만 두고 가는데, '하인이 아니라 직접 왔습니다'라는 것을 전하는 '증거'로 카드의 한쪽 끝부분을 접어두는 관습이 있었다. 또, 끝을 접어두는 것은 그 한 장으로 목적인 여성만이 아니라 같이 사는 성인 딸이나 친척 여성들 전원 앞으로 보내는 것이라는 의사 표시도 가능했다. 하지만 끝을 접는 건 여성 카드만이었으며, 남편의 카드는 절대로 접지 않았다.

상대 여성과 직접 만났을 때는 자신의 카드는 남기지 않는다. 단, '주소를 알리기 위한' 경우에 한해, 첫 번째 방문 시에만 두고 돌아가는 경우도 있다. 그때도 직접 넘겨주는 것이 아니라 홀의 테이블에 남겨 둔다. 즉, 방문 카드는 원칙적으로 '직접 만나는 대신' 쓰는 것이며, 명함처럼 얼굴을 마주보고 인사하면서 교환하는 것은 아니었다.

두고 간 카드를 나중에 회수할 텐데, 신분이 높은 사람의 것은 은근슬쩍 남겨둘지도 모른다. 나중에 온 사람이 감탄할 테니까.

방문 카드에 나타나는 여성의 입장

당시의 상류 계급 사람들은 1년 내내 주거지를 이동해가며 생활했다. 유복한 귀족이라면 자신의 대저택을 여기저기에 가지고 있었고, 계절 행사에 맞춰 가족과 일부 하인을 데리고 이사를 반복하며 살았다. 중류 계급 사람들도 그런 귀족의 생활 사이클을 흉내냈다. 봄부터 초여름 사교기에는 런던이나 그 근교의 집을 빌렸고, 호수나 고산지대 등으로 피서 여행을 떠나기도 했다. 친해진

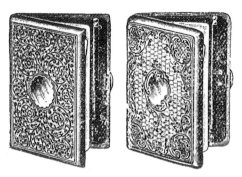
/// 여성용 실버 방문 카드 지갑. '육군·해군 스토어'의 상품 카탈로그, 1907년

친구나 지인과 같은 마을에 있을 때는, 우선 카드를 보내고 자신이
가까이 있음을 알렸다. 도시에서 떠날 때의 작별 인사에도 카드를
사용했다. 이 경우에는 '작별 인사'를 의미하는 프랑스어 이니셜인
'P.P.C.'를 하단에 써넣었다.

정찬회나 무도회 등 정식으로 대접을 받은 후에는 다음 날 곧바
로 답례 카드를 전하러 간다. 이처럼, 방문 카드는 신사숙녀 사교
생활의 구획을 짓는 데 꼭 필요한 것이 되었다.

'방문'과 '카드 두기'를 정력적으로 했던 것은 여성들이었다. 남성
의 경우는 부인과 함께 외출하거나, 독신 남성이 의중에 있는 영애
를 방문하는 일이 없지는 않았다. 하지만 남자끼리의 친구 관계를
원한다면 회원제 신사 클럽을 가면 됐기에, 형식에 치우친 가정 방
문에 여성들만큼 관심을 보이지 않는 경우가 많았던 모양이다. 그
렇다고는 해도 여성이 남성들의 사회와 완전히 동떨어져 독자적인

// <티트윌로 부부, 작별 인사를 드립니다(P.P.C.)> 마을을 떠날 때 방문 카드에 쓰는 정형문을 제목으로 한 상상화 컷. 『펀치』 1867년 8월 31일.

세계를 구축했다고도 할 수 없다. 전술한 대로 당신이 친구의 집에 인사 대신 '카드를 두러' 가서 만나지 못하고 돌아왔다면, 당신은 3장의 카드를 넘겨주게 된다. 한 장은 당신 자신의 카드로, 당연히 친구에게 보내는 것이다. 그리고 2장은 남편의 카드로, 그중 하나는 친구에게, 나머지 한 장은 그녀의 남편에게 남기는 것이다.

미혼인 젊은 여성은 원칙적으로 자신의 이름이 적힌 카드가 없다. 이런 규칙을 위반하는 것은 '굉장히 나쁜 태도'로 취급되었다. 딸은 어머니의 카드 아래에 '미스 ○○'라고 이름을 인쇄한다. 모친이 계시지 않을 때는 부친의 이름 카드에 딸의 이름도 인쇄한

여성들의 응접실은 굉장히 핸섬하고 위험한 남성의 소문이 화제였다—드디어 나타난 소문의 주인공(왼쪽 끝)은 의외로…? 『펀치』 1884년 12월 9일.

다. 단, 이때는 반드시 남성 사이즈의 작은 카드여야만 한다. 부친도 없을 경우에는 형제의 카드를 이용했다.

양친도 형제도 없고, 친척이나 지인 여성의 도움을 받아가며 사교계에 나온 젊은 미혼 여성은 그 보호자의 이름 아래에 연필로 이름을 적는다.

기혼 여성은 남편의 성에 경칭을 붙여 부른다. 하지만 서면에서 퍼스트 네임으로 구별할 필요가 있을 경우 등에는 자신이 아닌 남편의 이름을 사용한다. 현재도 일부에서는 지속되고 있는 관습인데, 예를 들어 미스터 필립 윈저의 부인은 미세스 엘리자베스 윈저가 아니라, 미세스 필립 윈저라 표기하는 것이 정식이다. 당시 기혼 여성은 여러 상황에서 남편과 일체화된 존재로 취급되었다.

19세기의 방문 카드나 방문 예절은 이름을 쓰는 법을 봐도, 사용법을 봐도, 자신의 남편이나 부친이 남성 지인과 교제하는 관계를 여성이 대행하는 형식이었다. 하지만 '남편 앞'으로 온 상대 남편의 카드를 받아도, 그걸 노트에 기록하고 다음 전개를 생각하는 건 집사나 가정부 등 상급 하인을 고용하는 유복한 집이 아니고서야 실제로는 부인의 역할이었던 것으로 생각된다. '이 날 방문을 오셨으니 며칠 후에 답례를 하자'고 생각하거나, 장기 여행에서 돌아왔음을 계기로 지인들을 정리하거나, 방문하는 빈도를 변경하는 등 매일의 교류에 신경을 쓴다.

아무리 봐도 소용없어 보이는 '남편'에게 보내는 여분의 카드나 미사여구로 가득한 '소개 거절' 편지. 이쪽도 하인을 데리고 카드를 두러 갔다면 하인끼리 카드를 교환하고 끝나는 쓸데없이 빙 돌아가는 절차. 상대가 집에 없는 척했다 해도, 이쪽도 사실은 만날 생각은 없었고 왔었다는 증거로 끝을 접은 카드만 남겨두기만 하면 되었다. 빅토리아 시대의 에티켓 세계는 스타트 지점부터 '겉치레'만 산더미 같았고, 너무나도 번거롭다.

그 장소의 '분위기를 파악'하고, 조용히 서로의 기분을 헤아리는 것은 '섬세한 일본인' 특유의 기질이라고 자주 말하지만, 영국 빅토리아 시대의 에티켓 북을 읽으면 그렇지도 않다고 생각하게 된다. 그래도 이런 복잡한 룰을 확실하게 파악하고 지키지 못하면 '가정교육을 잘못 받았다'는 낙인이 찍혀버리고 마는 것이다.

산더미 같은 절차를 넘어선 당신은 다음으로는 더욱 공식적인 사교 이벤트의 초대장을 받을 수 있게 될 것이다. 그곳에도 또한 세세한 절차가 줄지어 기다리고 있다.

// 가슴을 두근거리며 모여들어 초대장을 들여다본다. 『개스켈 교수의 의례의 개요』
1882년.

귀족의 작위와 부를 때의 호칭, 경칭

귀족, 준남작, 기사, 그 부인이나 영애들…. 당시의 사교계를 구성하는 사람들에겐 각각의 입장에 맞는 올바른 경칭이 있으며, 상황이나 관계성에 따라 부르는 방법이 달라졌다. 이 책에서는 초대장을 보낼 때 필요한 서면에서 쓰이는 경칭까지 포함하여 소개해보겠다. 모두가 1890년대~제1차 세계 대전 시기까지 출판된 에티켓 북에 따라 정리한 것이므로, 그 후 간략화되거나 성별에 의한 호칭 차이가 줄어드는 방향으로 변경된 부분도 있기에 현대에도 그대로 통용되는 것은 아니니 주의하기 바란다.

표❶(58쪽 참조)은 19세기 말 칭호를 지닌 사람들을 직접 부르는 법 일람표이다. 정점에는 왕족이 있다. 그 다음으로 공·후·백·자·남작 등 5개의 작위를 지닌 세습귀족 사람들이 있다. 직접 말할 때의 '당신'에 해당하는 말이지만, 부르는 사람의 지위가 불리는 사람보다 아래냐 아니냐에 따라 변한다.

상위 귀족은 가족의 성과는 다른 지명에서 유래한 작위명을 지닌 경우가 많다. 이게 없을 경우에는 가족의 성을 작위명으로 사용한다. 공작을 제외한 후작·백작·자작·남작 당주와 그 부인은 이러한 '지명 또는 성'에 따라, 'OO경(로드 OO)'과 'OO경 부인(레이디 OO)'이라 부르는 것이 옳은 표현이다. 공작만은 '공작(듀크)', '공작부인(더처스)' 또는 '유어 그레이스'라 부르므로, 다른 사람이 들어도 공작임을 확실하게 알 수 있다. 하지만 후작부터 남작까지의 당주와 그 부인에 대해서는 작위 랭크가 '무슨 작'인가를 구별해 부르는 것은 에티켓상 잘못된 것으로 간주된다.

또, 공작·후작·백작의 장남은 부친이 복수의 작위를 지닌 경우, 부친이 생존해 있을 경우에는 두 번째의 것을 사용할 수 있다. 이 작위를 '커트시 타이틀'이라 부르며, '명목적 작위'나 '우대 작위', '예의 칭호' 등으로 번역된다. 예를 들어 아버지가 공작이고 2번째로 높은 작위로 백작 칭호를 지니고 있을 경우, 장남은 그 백작의 작위를 명목적 작위로 사용하고 경칭이나 사교상의 서열이 백작과 동등하게 다뤄진다.

신분	상류 계급끼리일 경우	낮은 계급에서 부를 경우
여왕	맴(Maam)	유어 마제스티(Your majesty)
왕자	서(Sir)	유어 로열 하이네스 (Your royal highness)
왕녀, 왕자의 비	맴(Maam)	유어 로열 하이네스 (Your royal highness)
공작	듀크(Duke)	유어 그레이스(Your grace)
공작부인	더처스(Duchess)	유어 그레이스(Your grace)
후작, 백작, 자작, 남작	로드(Lord) + 지명 또는 성	마이 로드(My lord) 또는 유어 로드십(Your lordship)
후작, 백작, 자작, 남작부인	레이디(Lady) + 지명 또는 성	마이 레이디(My lady) 또는 유어 레이디십(Your ladyship)
준남작, 기사	서(Sir) + 이름과 성	서(Sir) + 이름
준남작, 기사부인	레이디(Lady) + 성	마이 레이디(My lady) 또는 유어 레이디십(Your ladyship)
공작, 후작, 백작의 장남	로드(Lord) + 지명 또는 성 (※명목적 작위에 준함)	마이 로드(My lord) 또는 유어 로드십(Your lordship)
공작, 후작, 백작 장남의 부인	레이디(Lady) + 지명 또는 성 (※남편의 명목적 작위에 준함)	마이 로드(My lord) 또는 유어 레이디십(Your ladyship)
공작, 후작의 차남 이하	로드(Lord) + 이름과 성	마이 로드(My lord) 또는 유어 로드십(Your lordship)
공작, 후작의 차남 이하의 부인	레이디(Lady) + 남편의 이름과 성	마이 레이디(My lady) 또는 유어 레이디십(Your ladyship)
공작, 후작, 백작의 딸	레이디(Lady) + 이름과 성	마이 레이디(My lady) 또는 유어 레이디십(Your ladyship)
백작의 차남 이하 및 자작, 남작의 아들	미스터(Mister) + 이름과 성	서(Sir)
백작의 차남 이하 및 자작, 남작의 아들 부인	미세스(Misses) + 남편의 이름과 성	맴(Maam)
자작, 남작의 딸	미스(Miss) + 이름과 성	미스(MIss)
칭호가 없는 남성	미스터(Mister) + 성	서(Sir)
칭호가 없는 기혼 여성	미세스(Misses) + 성	맴(Maam)
칭호가 없는 미혼 여성	미스(Miss) + (이름) 성	미스(Miss)

*『상류 사교계의 매너와 룰』(1890) 등을 기초로 재구성

〈사회적 지위에 관한 골상학적 소견〉 저 높으신 분은 누구실까. 서(Sir) 칭호가 있다고? "그럼 분명히 기사가 아니라 준남작이겠네. 저 모양은 출세한 게 아니라 혈통으로 이어 받은 거야"(당시 두개골이 어떤 모양인지를 보고 성격이나 범죄적 지향성을 알 수 있다 는 유사 과학이 유행했다). 『펀치』 1873년 7월 5일.

편지의 수신인명

표❷(60쪽 참조)는 봉투의 수신인명으로 쓰이는, 서면에서의 공식적인 표현이다. 상대가 '어떤 작위'인지 구두로는 말하지 않지만, 초대장이나 편지를 보낼 때는 봉투에 명기한다. 단, 5개의 세습 귀족 작위 중 예외로, '남작(바론)'은 거의 쓰지 않으며, 경칭과 마찬가지로 '경(로드)'을 쓴다. 마치 함정이나 다름없다. 거기에 더해, 각각의 작위에 따라 '라이트 아너러블(Right honorable)'이나 '모스트 아너러블(Most honorable)' 등 독특한 존칭이 더해진다. 이 단어는 서면에만 쓰였으며, 설령 하인이라 해도 직접 부르는 경우는 없었다.

다섯 개의 작위를 지닌 귀족의 다음 지위는 준남작과 기사가 있다. 준남작은 세습, 기사는 1대에 한정된 영예이다. 준남작이나 나이트 남성에겐 '로드(Lord)'가 아니라 '서(Sir)'를 붙여 부르며, 이름을 생략해서는 안

/// 표❷ 서면에 쓰이는 경칭 일람

신분	봉투의 표기
여왕	더 퀸즈 모스트 엑설런트 마제스티(The Queen's most excellent majesty)
왕자	히즈 로열 하이네스 더 프린스(His royal highness the prince)+이름
왕녀, 왕자비	허 로열 하이네스 더 프린세스(Her royal highness the princess)+이름
공작	히즈 그레이스 더 듀크 오브(His grace the duke of)+지명
공작부인	허 그레이스 더 더처스 오브(Her grace the duchess of)+지명
후작	더 모스트 아너러블 더 마퀴스 오브 (the most honorable the marquess of)+지명 또는 성
후작부인	더 모스트 아너러블 더 마셔네스 오브 (the most honorable the marchioness of)+지명 또는 성
백작	더 라이트 아너러블 디 얼 오브 (the right honorable the earl of)+지명 또는 성
백작부인	더 라이트 아너러블 더 카운테스 오브 (the right honorable the Countess of)+지명 또는 성
자작	더 라이트 아너러블 더 바이카운트 (the right honorable the viscount)+지명 또는 성
자작부인	더 라이트 아너러블 더 바이카운테스 (the right honorable the viscountess)+지명 또는 성
남작	더 라이트 아너러블 더 로드(the right honorable the lord)+지명 또는 성
남작부인	더 라이트 아너러블 더 레이디(the right honorable the lady)+지명 또는 성
준남작	서(Sir)+이름과 성, Bart, Bt 등 준남작을 나타내는 약자
준남작부인	레이디(Lady)+성
기사	서(Sir)+이름과 성, G.C.B 등 기사 종류를 나타내는 약자
기사부인	레이디(Lady)+성
공작, 후작, 백작의 장남	(명목적 지위에 준함)
공작, 후작, 백작의 장남의 부인	(명목적 지위에 준함)
공작, 후작의 차남 이하	더 로드(The lord)+이름과 성
공작, 후작의 차남 이하의 부인	더 레이디(The lady)+남편의 이름과 성
공작, 후작, 백작의 딸	더 레이디(The lady)+이름과 성
백작의 차남 이하 및 자작, 남작의 아들	디 아너러블(The honorable)+이름과 성
백작의 차남 이하 및 자작, 남작의 아들의 부인	디 아너러블 미세스(The honorable Misses)+남편의 이름과 성
자작, 남작의 딸	디 아너러블(The honorable)+이름과 성
칭호가 없는 남성	미스터(Mister)+이름과 성
칭호가 없는 기혼 여성	미세스(Misses)+남편의 이름과 성
칭호가 없는 미혼 여성	미스(Miss)+이름과 성

*『칭호: 영국의 칭호와 영전의 올바른 용법 입문』(1918) 등을 기초로 재구성

된다. 준남작과 기사부인은 반대로 이름은 쓰지 않으며, 레이디+남편의 성으로 부른다. 이 경우에 봉투에 적는 정식 명칭에는 귀족 부인이나 딸과 다르게 레이디 앞에 '더(the)'는 붙이지 않고, '아너러블(honorable)'에 해당하는 존칭도 없다. 레이디라는 똑같은 경칭을 사용하지만, 귀족의 집안인가 아닌가에 따라 세밀하게 구별하여 운용한다.

귀족이나 그에 준하는 신분이 아니며, 성직자나 군인, 의사, 법률가 등 특별한 경칭이 쓰이는 직업도 아닌 사람은 미스터(Mr.), 미세스(Mrs.), 미스(Miss)를 쓴다. 여성의 경칭으로는 기혼 미혼을 불문하고 「미즈(Ms)」

가 폭넓게 쓰이게 된 것은 20세기 후반 이후이며, 20세기 초부터는 기사의 영예를 부여받은 여성에게 남성의 서(sir)에 해당하는 데임(Dame)이라는 경칭도 쓰이게 되었다.

굉장히 복잡하지만, 사교계에서 살아남고 싶다면 이런 것들을 마스터하여 구별해 사용할 필요가 있다. 완전히 몸으로 기억하고, 의식하지 않아도 능숙하게 사용하며, 틀려도 자연스럽게——타인의 눈을 의식하지 않고, 어떤 의미로는 방약무인하게 행동할 수 있게 되어야 비로소 사교계의 일부가 되었다고 할 수 있을지도 모른다.

제2장
드레스코드가 사람을 만든다

복장이 신사숙녀를 만드는가?

매너가 사람을 만든다.

—윌리엄 오브 위컴의 모토(1324~1404)

극히 한정된 부분만 말한다면, 재봉사가 사람을 만든다는 것은 그야말로 진실입니다.

험프리 부인『남성의 매너』(1897)

의상은 사람을 만드는 것이 아닙니다. 그것은 종종 성공자를 만듭니다.

—재봉사 비고 씨

벤자민 디즈레일리『엔디미온』(1880)

'매너가 사람을 만든다'라는 말은 14세기의 윈체스터 주교, 윌리엄 오브 위컴이 문장에 쓴 모토가 기원이라고 한다. 매너, 즉 예의나 행동이 좋은 인격을 형성한다는 의미의 문장으로, 현재도 널리 쓰이고 있다.

'매너'란 전인격적인 평가로 연결되는 '행동'을 말한다. '좋은' 매너, '나쁜' 매너라는 사용법도 있다. 한편 '에티켓'은 18세기경 프랑스의 궁정에서 영어로 이입된 단어로, 어떤 사회에서 정해져 있는 예의적인 '수순', 룰을 말한다. 이처럼 단어로서 매너와 에티켓은 원래 차이가 있지만, 교환 가능한 동의어로 별로 의식하지 않고

///‘ 무도회에 어울리는 밤의 정장을 입고 계단을 내려오는 남녀. 『그래픽』 1890년.

사용되는 경우도 있다. 사교계의 예의 수순을 초보자인 독자에게 해설한 19세기의 '에티켓' 북에도 '매너가 사람을 만든다'라는 관용 표현은 자주 등장하며, 19세기 당시의 매너와 에티켓의 의미를 되묻는다.

매너는 신사숙녀라 불리는 데 어울리는 내면적인 성질을 만들고, 에티켓은 신사숙녀에 어울리는 외견의 룰을 규정한다고 에티켓 북의 저자들은 주장한다. 현대의 우리들도 학교나 군대, 민족의 상 등 '제복'을 입으면 그 그룹에 소속되어 있는 기분이 강해질 테 고, 고급 옷을 입으면 고급스러운 기분으로, 와일드한 옷을 입으면 용감한 기분이 들 것이다. 규칙을 깨는 복장을 입으면 반사회적인 인격이라는 낙인이 찍히고 만다. 사람은 타인이 볼 때는 복장으로 심판받으며, 자기 자신의 내면도 입는 옷의 영향을 받는다.

🐾 어려운 드레스코드

그런 이유로, 빅토리아 시대의 사교계에 들어가려는 당신은 그 장소에 어울리는 옷을 입으려 할 것이다. 예를 들어 유력한 지인 에게서 무도회 이야기를 들었다고 하자. 몸도 마음도 사교계에 속 해 있는 레이디로서 어울리는 드레스를 준비하고자, 다시금 에티 켓 북을 펼친다. 그러자——.

무도회의 복장은 유행이 매우 쉽게 변하기에, 지금 유행하는 복장을 적고 그것이 진실이라 해도 1개월 후에는 틀린 것이 되 어버릴 겁니다. 현대의 사교계에는 정해진 관례가 있는 것은 아니므로, 변하지 않는 룰을 몇 가지만 헤아리는 것조차 어려 울 겁니다.
『라우트리지의 에티켓 입문』(1870년대)

/// <진정한 예술가> 레이디즈 메이드가 하루 만에 사의를 표명한다. "사모님의 옷장을 확인해 보고, 수준에 미치지 못한다고 판단했기 때문입니다." 드레스에 대해 전문적인 지식을 마스터한 레이디즈 메이드를 고용하는 것은, 상당히 여유가 있는 여성만이 할 수 있는 사치였다. 『펀치』 1873년 11월 22일.

이처럼 의상 형태나 디테일, 특히 여성의 패션에 대한 것은 '이 책이 나올 때쯤에는 유행이 바뀌어버렸을지도 모르기 때문에, 일 부러 다루지 않는다' 같은 말로 대충 넘어가는 책이 많았다.

상류 계급의 여성이라면 의복에 관한 것은 시녀(레이디즈 메이드)에 게 맡기면 되지만, 중류 계급은 그럴 수도 없었다. 유행이 변하기 쉬운 의복 정보는 신뢰할 수 있는 재봉사와 상담하거나, 당시 한창 출판되던 여성 잡지를 참조하라고 추천하기도 했다. 이걸 읽으면 귀족의 매너를 익힐 수 있습니다, 라고 주장하지만 실제로는 별로 도움이 되지 않는 경향이 강했다.

그건 그렇다 치고, 패션에 대한 규칙은 분명히 존재했다. 그렇다면 기준을 파악하기 어려운 그 구체적인 예를 알아보도록 하자.

오전과 오후의 드레스

미스 웨이스는 위층의 창문을 통해 적의와 동경이 뒤섞인 감정으로 내려다보고 있었다. 오늘의 공작부인은 정말 멋지구나. 미스 웨이스는 그렇게 생각했다. 주문 제작(테일러 메이드)한 상의가 그녀의 몸의 선을 돋보이게 한다. 그 옷이 나타내는 것은 런던으로 갈 생각이란 뜻이다. 모슬린의 드레스 투성이인 일요일은 끝났으니까. 하지만 저 파라솔과 아직 모자도 쓰지 않고 느슨하게 묶은 머리에는 전원풍의 흔적이 남아 있다.

비타 색빌 웨스트 『에드워디언즈』(1930)

위의 인용문은 남작가에서 태어난 작가가 대저택에서 살던 소녀시대를 뒤돌아보며 쓴 소설의 한 문단이다. 설정 연대는 1905년. 비서인 미스 웨이스가 공작부인의 세련된 모습을 동경과 초조함을 담아 바라본다…는 인물묘사와 함께, 드레스의 모습도 은근슬쩍 담고 있다. 픽션의 형태를 취하고는 있지만, 사교계의 내막을 아는 작가가 아니면 알 수 없는 살아 있는 정보가 호기심을 자극해 그 시대에는 수많은 독자를 얻었던 모양이다. 오전과 오후, 전원지대와 런던, 평일과 일요일에는 입는 옷이 다르다는 것, 파라솔이

// 아침식사 자리에 앉은 가족. 여성들은 하이넥과 긴 소매의 너무 화려하지 않은 옷을 입는다. 『카셀즈 패밀리 매거진』 1890년.

나 모자 등 소품 사용법에도 규칙이 있었던 것 같다는 내용도 알아 낼 수 있다.

　중류 계급 사람들이 읽는 에티켓 북에도 하루에 최소한 2번, 시 간과 여유와 예산이 있다면 더 많이 시간대에 맞춰 옷을 갈아입는 것이 상식이라는 기술이 있다. 그리고 같은 시간대에도 어디를 가

ff <고도의 기술을 발휘> 시골에서 온 메이드가 화려하게 장식된 사모님의 화장대를 보고 놀란다. 베테랑 레이디즈 메이드는. "밤에는 사모님께서 갈아입으시는 옷에 맞춰 색이나 꽃이나 리본을 바꿔야 해." 여성의 관습을 만화적으로 과장한 표현이다. 조지아나 바우어즈 작, 『펀치』 1872년 9월 14일.

서 누구와 무엇을 하느냐에 따라 에티켓이 지정하는 천, 색, 장식이 변화했다.

예를 들어 『상류 사교계의 에티켓』(1893)에는 자택에서 지내는 날의 오전에 입는 드레스는 너무 비싸지 않은 색이 있는 면이나 모직 등의 소재로, 청결하고 장소에 어울리는 것을 선택하라고 추천한다. 장식은 가능한 한 심플해야 하며, 고급 레이스는 완전히 잘못된 선택이다. 보석 장식품은 심플한 골드로. 반지라면 보석이 달려 있어도 괜찮지만, 투명한 보석은 밤의 '정장(풀 드레스)'일 때만 한다.

한편, 친구의 집에 머물 때는 오전의 드레스로 흰색의 자수가 들어간 옷이나, 면비로드 등 '약간 고급인 것'을 입어도 된다.

상정한 독자층의 경제력이 달랐는지, 아침부터 일몰까지의 낮에는 한 벌의 드레스만 입어도 된다는 책과, 점심식사 전과 티타임, 밤에 각각 갈아입으라고 추천하는 책이 있었다. 어느 쪽이든 앞 장에서 기술한 것처럼, 오후에 지인의 집으로 '카드를 전하러' 방문할 때는 역시 그에 어울리는 옷이 있다. 길거리를 걸을 필요가 있을 때는 '너무 호화로운 옷을 뽐내듯이 입어서는 안 됩니다. 좋지 않은 타입의 사람의 이목을 끌어버리며, 교육을 잘 못받은 것으로 간주됩니다.' 한편, 마차로 이동할 경우에는 짙은 색의 실크 등 '마음껏 우아하게 꾸며도 상관없습니다'(『라우트리지의 에티켓 입문』 1870년대). 이건 아마도 스스로 걸을 필요가 있다면 자신이 속한 낮은 계급에 어울리도록 수수하고 눈에 띄지 않는 옷을 입어야 한다는 것과, 반대로 마차를 쓸 수 있는 신분이라면 마음껏 멋을 부려 그걸 주위에 알려야 한다는 의미일 것이다. 자신의 주제를 알고, 소속된 계급에 맞는 옷을 입는 것이 예의바른 것이다——그런 가치관이 투영된 것으로 보인다.

🐾 숙녀의 증표, 장갑과 모자

외출할 때, 숙녀라면 반드시 장갑을 끼도록 되어 있었다. 전술했던 『라우트리지의 에티켓 입문』에는 '장갑을 끼지 않고 길을 걷는 모습을 보여서는 안 됩니다. 소재는 새끼양가죽(키드)나 송아지 가죽(카프)이어야만 합니다. 털이나 면장갑은 말할 필요도 없을 정도로 싸구려입니다. 완벽할 만큼 극도로 딱 맞는 것이 아니면 안 됩니다'라고 적혀 있다. 19세기 중반까지는 면이나 실크 레이스의 손가락 없는 장갑(미트 또는 미튼이라 불린다)도 유행했지만, 19세기 후반이 되면 피혁제품을 일반적으로 썼던 모양이다. 색은 비교적 자유로웠고, 표준적인 옅은 갈색부터 드레스의 색에 맞춘 것도 허용되었다. 장갑은 단추가 달려 있었는데, 1893년의 『상류 사교계의 에티켓』에 의하면 외출용인 6개 정도부터 이브닝드레스에 어울리는 긴 장갑은 20개 정도의 단추가 달린 것도 있었다고 한다.

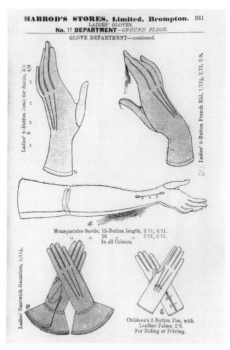

스웨이드나 새끼양가죽 등, 다양한 소재로 만든 여성용 장갑. 짧은 것은 단추가 4개, 긴 것은 16개가 달린 것이 게재되어 있다. 백화점 「해로즈」의 카탈로그, 1895년

모자 또한 장갑과 마찬가지로 숙녀의 증표로 취급되었다. 19세기 초부터 중반에 걸쳐 후두부에서 얼굴 주변까지 덮고 턱 아래에서 끈을 묶는 타입의 보닛이 전연령에 걸쳐 인기를 끌었으며, 세기 말이 되어서는 유행이 지나고 차양이 있는 모자가 우세해졌다.

이러한 변화는 증쇄를 거듭했던 에티켓 북의 기술에서 확인할 수 있다. 『현대 사회의 매너』(1875)에는 '도시에는 보닛을 쓴 사람

// 윌리엄 메릿 체이스 『우호적인 방문』 1895년. 방문자는 모자와 장갑을 착용한 채이고, 파라솔도 들고 있는 것으로 보아 그림 제목과는 반대로 짧은 방문임을 알 수 있다.

이 많지만, 시골의 젊은 여자아이라면 그냥 모자를 써도 용납됩니다'라고 적혀 있다. 하지만 거의 같은 내용을 개정한 책(참고로 어째서인지 저자명은 달라졌다)『상류 사교계의 에티켓』(1893)에는 이 기술이 삭제되어 있다. 즉, 보닛 쪽이 고풍스럽고 정통이라 연배가 있는 사람에게 어울리는 것이며, 모자는 젊고 세련된 것으로 취급받았다는 것이다. 에티켓이 유행의 변화를 따라갔다고 볼 수 있다.

　방문할 때는 외출용 모자와 장갑, 망토나 케이프 등 외장을 벗지 않고 응접실에 들어가며, 차를 권하면 장갑을 낀 채로 마셨다. 남성의 경우, 모자는 벗어 손에 들고, 지팡이를 든 채로 들어간다. 이것은 오래 머물며 폐를 끼치지 않겠다는 의사 표시이기도 했다. 물론 초대를 받아 오래 머무는 파티의 경우는 별개로, 클록 룸(휴대품 보관소)에 맡기게 된다.

만약 케이크 등 다과를 권해 먹기로 했을 때는, 장갑을 벗으라고
되어 있는 책이 많다. 하지만 당시의 장갑은 전술한 대로 딱 맞는
데다 단추도 많아서, 단시간의 방문 도중에 스마트하게 벗거나 다
시 끼는 것이 굉장히 어려웠다. 『숙녀와 신사를 위한 에티켓 전집』
(1900)에는 '버터를 바른 빵은 버터를 칠한 부분을 안쪽으로 해 정
성껏 만다' 등, 더러워지지 않도록 조심하면서 장갑을 낀 채로 먹
는 것도 가능하다고 지적하고 있다.

장갑이나 옷을 더럽히지 않기 위해, 차에 곁들이는 간식은 거절
하고 음료만 마시는 사람도 많았던 모양이지만, 차만 마시는 건 소
화에 좋지 않다고도 생각했던 모양이다. '그런 의미로, 비스킷은
굉장히 귀중한 존재입니다. 사려 깊은 여주인이라면 빼먹을 리 없
겠죠'——라는 문장을 보면 비스킷 정도라면 장갑을 끼고 먹어도
괜찮다는 추측이 성립한다.

🌿 다양한 타입의 오후 드레스

19세기가 진행됨에 따라 경제적으로 여유가 생긴 중류 계급 인
구가 증가했고, 여성들이 참가하는 사교 이벤트의 종류도 서서히
증가했다. 예로 가든파티나 자선 바자회, 플라워 쇼 등 낮에 실외
에서 벌어지는 사교의 장을 들 수 있으며, 오전보다 고가의 천을
사용한 밝고 화려한 복장으로 우아한 취향을 보여주는 자리가 되

⟨⟨ 7월의 가든파티에 추천하는 복장. 머리의 뒤를 덮고, 턱 아래에서 리본이나 끈으로 묶는 보닛과 끈이 없는 모자가 혼재한다. 『카셀즈 패밀리 매거진』 1883년.

// 푸른색 천에 금색 파이핑을 더한 요트
놀이용 드레스. 해군의 이미지일 것이
다. 『레이디의 왕국』 1897년.

었다.

여성이 밖에서 적극적으로 활동하는 것은 옛날에는 좋지 않게 생각했지만, 19세기 후반에는 허용하는 분위기가 생겨났다. 피크닉 때는 '금방 찢어지는 나풀나풀한 천이나 약한 실크는 피하고 튼튼한 천'을, 요트 놀이 때는 바닷바람이나 파도에도 지지 않을 '모직이나 트위드'를 입는 것을 추천했다. 또, 세기말에는 해변의 복장이라면 '당연히 맞춤 재킷'이기도 했다.

1870년대 이후에 대유행한 '론 테니스' 때는 추위를 막아줄 '캐시미어, 모직, 플란넬' 등의 소재를 추천하곤 했다. 스커트는 '짧게'라곤 하지만, 당시의 여성은 어떤 상황에서도 롱스커트가 필수였으므로 현대의 테니스웨어와는 비슷하지만 비슷하지 않은, 나들이용 드레스처럼 보이기도 한다. 그래도 이전 시대에 비하면 엄청

_(위)허리 뒤에 버슬(bustle, 스커트 뒤를 부풀리기 위해 허리에 대는 허리받이-역자 주)로 볼륨을 살린 긴 드레스를 입고 론 테니스를 즐긴다. 관전하는 남자들의 가슴 속에는 '저 공이 되고 싶다. 그러면 모두가 있는 곳으로 날아갈 수 있을 텐데.'「펀치」 1874년 10월 10일.

_(아래)1880년대 초에 유행했던 타이트한 스커트를 입고 스케이트를 즐긴다.「걸즈 오 운 페이퍼」1881년 1월 22일.

나게 움직이기 편한 차림이긴 했다.

　1880~90년대에 자전거가 대유행해 사이클링용 드레스를 언급
한 책도 있다(험프리 부인 『여성의 매너』 1897). 이것도 '바퀴에 말려들지
않도록 짧은 스커트'를 추천하는데, 역시 지금의 스포츠웨어 감각
과는 상당히 달라서 아직 중량감이 있었다.

　지금까지 다룬 것은 실외의 이벤트인데, 점심 식사 이후이고 만
찬보다 이전에 응접실에서 열리는 사교회라고 한다면 애프터눈
티, 또는 '파이브 어클락 티(five O'clock tea)'가 대표적일 것이다. 점
심과 저녁 사이에 차와 가벼운 음식을 먹는 습관을 말하며, 19세기

// (왼쪽)얼핏 보기엔 스커트처럼 보이지만, 자전거를 타기 편하도록 양 다리가 나뉘어진
드레스이다. 파리에서의 리포트 기사, 1897년.
// (오른쪽)파리에서 유행했던 종아리까지 오는 길이의 바지 형태의 사이클링용 드레스.
당시의 감각으로는 대담한 것이었던 모양이다. 『레이디의 왕국』 1897년.

초반에 상류 계급의 여성들이 유행시켜 중류 계급 사람들에게도
퍼졌다. 이때는 전용의 '다과회복(티 가운)'으로 갈아입는 것은 '굉장
히 폭넓게 보급되어 있었다'고 『현대의 에티켓』(1895)에 적혀 있다.
티 가운이란 코르셋을 조이지 않고 입을 수 있는 펑퍼짐하고 화려
한 드레스로, 손님을 맞이하는 쪽의 여성이나 지인의 집에서 숙박
하는 여성이 입었다. 누군가의 집을 방문해 차를 마시는 자리에 앉
고, 그대로 다시 돌아오는 경우에는 티 가운이 아니라 오후의 외출
용 드레스에 모자와 장갑을 착용하고 가는 것이 정답이다.

 코르셋을 조이지 않고 입는 티 가운(왼쪽, 중앙 안쪽)과 벨벳 체크무늬 상의에 울 스커트를 조합한 세트(오른쪽). 프랑스의 패션 잡지 「라 모드 일리스트레」 1895년.

2종류의 이브닝드레스

'장갑과 모자' 항목에서 서술했던 대로, 낮에 끼는 장갑은 짧고, 밤에 끼는 장갑은 길다. 반대로, 그에 대응하는 낮의 드레스는 소매가 길고, 밤의 드레스는 소매가 짧다. 해가 지면 추워지는데, 여성은 밤에 더 얇은 옷에 피부 노출이 늘어나는 것이다. 밤 시간에는 이브닝드레스를 입는다. 여기에는 '정장(풀 드레스)'과 '반정장(데미 트왈렛)' 2종류가 있었다. 전자는 '팔과 어깨를 노출시킨' 드레스.

현재는 로브 데콜테라 불리는 옷깃(데콜테)이 크게 벌어진 타입의 옷이다. 그리고 후자인 반정장은 '팔과 어깨 양쪽을 부분적으로 부풀린' 드레스. 5부 소매와 7부 소매, 옷깃을 여미거나 적당히 벌어지는 옷깃 등으로 구성된 데미 트왈렛은 정찬회에 입는 일도 많았으므로, 그렇게 만들어진 5~7부 소매의 옷은 '디너 드레스'라고도 불렸다.

무도회나 격식 있는 정찬회에는 소매가 크게 벌어진 풀 드레스를 입어야만 했지만, 가벼운 만남에 나갈 때나 연배가 있는 여성은 데미 트왈렛도 허용되었다.

당시의 젊은 독신 여성에게, 특히 런던 사교기의 무도회나 정찬회는 신분과 수입이 어울리는 독신 남성과의 만남의 장이었고, 결혼 상대를 붙잡기 위한 장소였다. 즉, 젊은 여성의 풀 드레스에는 낮에는 보닛이나 장갑, 하이넥 옷으로 꼭꼭 숨겨두었던 피부를 이때다 하고 노출하고, 여성적인 매력을 발휘해 이성을 매료시키는 역할이 있었다. 여성에게 요구되던 도덕과 조심성이 이면성을 지니고 있었다고도 할 수 있겠다.

> 댄스를 추는 여성은, 예를 들어 망사나 거즈, 크레이프 등 가볍고 투명한 소재를 색이 들어간 얇은 실크 내복 위에 겹쳐 입는 게 좋을 겁니다. 실크 드레스는 댄스에는 어울리지 않습니다.
> 『라우트리지의 에티켓 입문』(1870년대)

// 1883년의 '정찬용 드레스.' 옷깃은 깊이 파였고, 민소매에 긴 장갑을 끼고 뒤쪽에는 긴 옷자락을 끌고 있다. 풀 드레스라고도 불리는 형태.

    나풀나풀한 천은 항상 젊은 여자들에게만 허용된 것입니다. 젊은 여성의 대부분은 흰색이나 크림색의 풀 드레스를 입습니다. 핑크, 연보라, 호박색은 젊은 여성들에게 어울리는 색입니다. 무도회용 드레스는 옷깃이 파이고 소매가 짧아야만 합니다. 이것으로 데미 트왈렛과 구별됩니다. 밤의 모임에서는 특

별히 다이아몬드 등 수많은 보석으로 치장합니다.

『현대의 에티켓』(1889년)

낮에는 금물이었던 다이아몬드, 펄, 루비 등 다양한 투명 보석 액세서리도 밤 시간에는 당당히 착용할 수 있었다. 오히려 이러한 정장이 모든 것을 말하는 곳에는 전력으로 치장하고 가는 것이 대접하는 초대인에 대한 예의로 인식되기까지 했다.

묵고 가라는 초대를 받았다면, 아침부터 밤까지 멋진 옷을
입어야 합니다. 누군가의 초대를 받았다면, 초대해준 사람의
명예가 당신의 힘에 달려 있다는 것입니다. 외견을 좋게 하는
것은 자기 자신을 위해서도 심사숙고해야만 함과 동시에, 초대
한 사람에 대한 경의의 표명이기도 하니까요.
『현대의 에티켓』(1895)

친구들이 극장에 데려가 준다고 했을 때도 마찬가지로 치장하는
것이 상대에 대한 예의라고 적혀 있다.

🦢 치장을 할 것인가, 하지 말아야 할 것인가

아마추어 연극이나 콘서트 등은 낮에 개최되는 경우도 있었지
만, 밤에 열리는 오페라나 관극에는 이브닝드레스가 필요했다. 오
페라와 관극 중에는 전자가 격이 높았고, 오페라의 박스석과 1층
좌석(스톨 시트)에서는 풀 드레스를 입어야 했다. 연극 극장에는 데
미 트왈렛이 어울렸다. 『여성의 매너』(1897)의 험프리 부인의 말을
빌리자면, '(오페라 이외의)극장 1층 좌석에서 풀 드레스를 입는 건 상
층 중류 계급의 여성뿐'이었던 모양이다. 진정한 상류 계급이라면
그 자리에 어울리는 복장을 자연스럽게 선택할 터이며, 너무 화려

ⅰ (왼쪽)스탠드칼라나 적당히 벌린 옷깃. 반소매~5부 소매인 데미 트왈렛. 『카셀즈 패밀
리 매거진』 1883년.
ⅱ (오른쪽)극장을 뒤로 하는 사람들. 여성의 정장인 이브닝드레스에는 소매가 없는 타
입의 긴 외투나 무릎까지 오는 케이프를 두른다. 후드가 달려 있거나 스카프로 얼굴
을 가리기도 하지만, 낮처럼 딱 맞는 모자는 쓰지 않는다. 『런던 생활』 1902년.

하면 계급이 낮다는 것이 드러나 무시당한다는 사실을 넌지시 말
해주고 있다.

　이러한 교훈은 드레스에 관해 해설하는 책의 여러 곳에서 등장
한다. 전술했던 『현대의 에티켓』은 젊은 여성은 너무 사치스럽지
않도록 주의해야 하며, 목걸이나 반지도 너무 많이 착용하면 '귀부
인(레이디)'이 아닌 여종업원(바 메이드)이 되어버린다고 충고한다.

　귀족 여성으로 보이고 싶어 에티켓 북을 읽는데, 지나치게 열심
히 하면 오히려 자신보다 낮은 존재로 잘못 여겨질지도 모른다는
경고를 하는 것이다. 에티켓 북이란 독자들의 지위 상승을 돕는
책이어야 하는데, 애초에 지위 상승을 바라는 태도는 지나친 욕심

이라는 것을 말하고 싶었을지도 모른다.

오히려 흔들림 없는 지위가 확보된 '고귀하게 태어나고 자란' 상류 계급 사람들이야말로 '아무것도 신경 쓰지 않고 행동하는' 자유와 독립이 허용되어 있었다. 룰을 설정하는 것도 그들 자신이었으며, 깨트리면서 즐기는 것도 자유였다. 신분이 낮은 외부인들이 드레스코드를 실수해 눈살을 찌푸리게 하는 일이 없도록 전전긍긍하는 것과는 달리, 지배 계급인 그들은 에티켓을 조금 위반하는 것 정도로 사교계에서 쫓겨나는 일은 없다. 자신들 자체가 사교계이기에.

'부랑배풍(라피앙)' 스타일의 옷은 좋아서 입는 것이 아닙니다. 당신이 뭔가의 이유로 사교계에서 빛나는 지위를 쌓기라도 한 것이 아니라면요. 귀족과 극도로 우아하고 세련된 사람들은 때때로 어리석게도 '부랑자'처럼 꾸미고, 자신의 외견과 매너의 격차로 남을 놀라게 하는 것을 즐깁니다. 하지만 당신의 경우는 그럴 자격이 없으므로, 복장은 가능한 한 수수하게 해야 합니다. 그렇지 않으면 남들이 악담을 할 겁니다. '당신의 복장은 당신의 마음처럼 변변치 않군요'라고요.
『에티켓의 힌트와 사교계의 관습』(1849)

본장의 처음에도 기술한 것처럼, 그때그때의 세세한 유행에 대한 것은 책을 읽어도 확실하게 알 수 없다. 상류 계급에 한정된 관

습인 여우 사냥이나 총 사냥 복장 등도 일반적인 중류 계급 독자들은 쉽게 참가할 수 없었기 때문에, '재봉사와 상담하는 쪽이 좋으므로 여기에는 적지 않습니다' 등으로 정리하고 있다.

<아이와 광대는 진실을 말한다> 엄마 :"뭐 모자란 부분이 있니?" 앨리스 : (흥미진진하게 치장하는 모습을 보고 있었다) "몸이 없어. 엄마." 몸체는 공을 들여 갔썄다. 『펀치』 1866년 4월 7일.

　당신이 빅토리아 시대의 상류 사교계에 들어갈 생각이라면, 역시 책만이 아니라 생생한 정보가 필요할 것이다. 가능하다면 지인과 교류하면서 사이를 돈독하게 하고, 들어가고 싶은 사회의 관습에 대해 배우는 쪽이 좋다. 거기에 세대를 초월해 가족 전체의 계급 상승을 노린다면, 아이들은 그런 지인을 만들 수 있는 학교로 보내는 쪽이 좋다──라는 흔히 있는 현실이 보이기 시작했으므로, 다음 장에서는 스스로 상대의 품으로 뛰어들기만 하는 것이 아니라, 의중의 상대를 자신의 응접실이나 정찬실로 초대하는 방법을 알아보자.

프록코드(왼쪽)와 모닝코트(오른쪽). 1900년 4월. 미국에서 정기 간행되었던 재봉사를 위한 카탈로그에서.

낮의 올바른 예장

여성만큼 배리에이션이 많은 것은 아니지만, 남성에게도 때와 장소에 맞는 복장이 있다. 시간대가 늦어짐에 따라, 또 전원 지대보다도 사교기의 도시일 때 더욱 공식적인 복장이 요구되었다.

19세기 거리의 낮 시간대에 맞는 올바른 예장은 검정이나 다크 컬러의 프록코트였다. 시대가 진행됨에 따라 모닝코트도 낮의 정장으로 인정되었고, 약식 복장으로 현대의 수

ILLUSTRATIONS OF BRITISH COSTUMES

// 디너 재킷(왼쪽), 이브닝 드레스코트(가운데, 오른쪽). 1893년, 런던의 재봉소의 카탈로그에서.

트에 가까운 형태의 트위드 등의 라운지 수트도 입을 수 있게 되었다. 프록코트나 모닝코트와 어울리는 베스트(영국식 영어로 베스트코트)는 흰색이나 검은색으로, 짙은 색이나 밝은 색 바지(영국식 영어로 트라우저스, 주로 예장용이나 신사복용 바지)를 입었다.

하반신의 무늬는 에티켓 북에는 시기마다 다르다고 기술되어 있지만, 종합하면 19세기 후반에는 회색이나 스트라이프 무늬가 기본이었던 모양이다.

전원 지대, 해변 또는 여행 중에는 더욱 캐주얼한 복장이 어울렸다. 취향에 맞춰 회색이나 다크 컬러의 트위드 또는 모직 등으로 만든 라운지 수트를 입는 것도 허용되었다.

밤의 복장

밤의 정장은 연미복. 1881년의 『유행 도감』에 의하면, '검은 연미복(드레스코트)과 베스트와 바지, 흰색 타이. 최근에는 흰색 베스트를 입는 사람은 거의 없습니다. 웨이터를 제외하면요'라고 쓰여 있지만, 1895년의 『현대의 에티켓』에는 '연미복과 베스트와 바지는 검정, 타이는 흰색'이라는 건 '고민할 필요도 없을' 정도로 정해진 것이라 하면서도, 베스트에 대해서는 '흰색이어도 좋고, 멋진 변화를 줄 수 있다'고 되어 있다. 현대의 드레스코드에서 가장 격식이 높은 '화이트 타이'는 검은 연미복에 흰 타이, 흰색 베스트로 정해져 있다. 19세기 당시에는 아직 유행에 따라 변화가 있었던 모양이다.

밤의 복장으로 1880년대 무렵에는 연미가 없는 '디너 재킷'도 보급되었다. 이것은 집안에서 저녁을 먹을 때 등에는 입을 수 있지만, 당시에는 아직 무도회나 극장에서 입을 레벨의 정장은 아니었다. 이러한 디너 재킷은 후에 미국에서는 '턱시도'라 불리게 되며, 현대에는 화이트 타이 다음가는 격식 있는 밤의 드레스코드 '블랙 타이'로 계승되었다.

낮의 정장은 프록코트부터 모닝, 라운지 수트로 바뀌었다. 밤의 정장은 연미복에서 디너 재킷으로. 남성의 옷은 더욱 캐주얼하고 격을 무너뜨린 복장을 바라며 새로운 옷이 고안되나, 그것 또한 이윽고 정장으로서 에티켓의 계층 구조에 녹아들어 세세한 룰이 결정되는 패턴을 확인할 수 있다.

제3장
가정 초대회와 정찬회

런던 사교기의 정찬회 모습. 흰 천이 깔리고, 꽃이 장식된 긴 테이블에 남녀가 번갈아 착석해 담화를 나눈다. 『런던 생활』 1902년.

동경하던 정찬회(디너)

컨트리 하우스와 그 주인들이 우리 국민의 지적·정치적 생활에 미친 공헌은 솔직히 말해서 매우 지대하다고 생각합니다.

(중략)

그 장소(필자가 이상적으로 생각하는 컨트리 하우스 파티)에 모이는 것은 정말로 현명한 여주인이 선별한 사람들입니다. 우선 한두

<figure>
<응접실의 펫> '오스트레일리아의 부메랑 던지기 명수(젊을 때는 선교사가 되려 노력했다)'를 숭배하는 미녀들. 사교계에는 예술가나 신기한 이국 사람을 초대하는 관습이 있었으며, 그들은 '라이온(구경거리)'이라 불렸다. 대부분의 경우는 정식으로 받아들여진 것이 아닌 일시적인 붐이었을 것이다. 조지 듀 모리에 작. 『펀치』 1887년 7월 2일.
</figure>

명의 각료가 조용한 회화를 즐기러 참가합니다. 어쩌면 식민지의 제독이나 제국의 아득히 먼 땅에서 고급 관료를 맡은 사람이, 영국의 대표로서 자신이 진행하는 어떤 시책이 곤경에 처해 정부 관계자에게 전하려 할지도 모릅니다. 참가자들은 대부분 귀국 중인 외교관이나 화가, 그리고 반드시 음악가가 있어 밤 시간에 누군가가 반주를 부탁하게 됩니다. 그리고 아름다움이나 기지, 어쩌면 양쪽 모두를 갖춘 것으로 유명한 여성이 여기저기 섞여 있습니다. 이러한 여성들은 회화에 활기를 줄 수도 있었고, 좋은 회화를 방해하지 않도록 현명하게 입을 다물고 있을 수도 있는 것입니다. 즉, 조각처럼, 또는 꽃처럼 아름

다움을 발휘하고, 그냥 앉아 있을 수도 있는 것입니다. 아첨꾼이나 따분한 인간이 초대될 여지는 없습니다. 그런 사람들은 런던의 대규모 파티로 '쓸어 냈을' 테니까요.

　　수잔 치즈뮤어 『라일락과 장미』(1952)

　위의 인용은 어떤 남작부인이 과거의 체험을 바탕으로 생각해본 이상적인 정찬회를 말하는 구절이다. 오래된 귀족의 가계, 글로브너 일족에 태어난 그녀는 식민지 캐나다의 제독을 경험한 역사 작가 존 바칸과 결혼했다. 그녀의 시점에서 말하는 19세기 말부터 20세기 초의 상류 사회는 자신들이야말로 세계 최강의 제국을 움직이는 존재이며, 누구보다도 어려운 책무를 수행하고 있고, 민초들을 올바른 방향으로 인도하는 선택받은 존재라고 믿어 의심치 않는 사람들의 것이었던 모양이다. 내실이 어떻든 간에, 이러한 사고방식을 지닌 정치가나 엘리트 비즈니스맨은 지금도 전 세계에 존재하리라 생각한다.

　상류 사교계의 여주인에게 요구되는 역할 중 하나에, 밤의 식탁에 초대할 손님들의 리스트가 절묘할 것, 이라는 사항이 있었다. 현재 한창 유명한 정치가나 관료, 말을 잘하고 그 장소의 분위기를 띄울 수 있는 스킬을 지닌 예술가, 기지가 풍부한 유부녀, 누구나 보고 싶어하는 미모의 '프로 미녀(프로페셔널 뷰티)'(그 자리에 자리한 고귀한 남성의 은밀한 정부이기도 했다) 등을 잘 조합해 자극적인 분위기를 만드는 것이다. 상반되는 주장을 지닌 라이벌 정치가들을 불러 일부

ff <상류 사교계에서> 유명한 '라이온(구경거리)'인 하마와 큰 거북이의 도착. 배후에는 남아시아 사람인 듯한 얼굴이 보인다. 다른 인종을 '옷을 입은 동물'로 보는 제국주의적 시선의 만화. 존 리치 작, 『펀치』 1851년.

러 논쟁을 벌이게 하고, 너무 분위기가 고조되면 은근슬쩍 화제를 돌리며, 말을 잘 못한다 해도 흥미로운 경험을 지닌 손님에게서 에피소드를 이끌어낸다. 인맥과 밸런스 감각과 순간순간의 화술이 중요하다. 그런 사교의 재능을 발휘해 일류 파티를 연발할 수 있다면, 더 많은 유력자들이 자택에 모이며, 남편이나 자식의 평판도 좋아질 것이다.

그렇다고는 해도, 이건 상류 중의 상류의 이야기이다. 이러한 누구나 인정하는 '귀부인(그랜덤)'이 되기까지의 길은 매우 험하다. 사교계의 뉴페이스인 당신은 제1장에서 기술한 것처럼 카드 교환과 오후 방문을 되풀이하며, 어느 정도의 '지인'을 만들었고, 제2장에서 기술한 것처럼 복장의 룰에 대한 대략적인 지식을 마스터……했을 것이다. 하지만 '정찬회'의 초대장을 보내기까지는 아직 몇 가지의 스텝을 더 밟아야만 한다. 정찬회는 사교 모임 중에서도 가장 중요하고 격식이 높은 것이다. 본격적인 밤의 접대를 하기 전에 좀 더 캐주얼한 오후 이벤트를 성공시키고, 친밀한 내 편을 늘리고 인기를 높여야만 한다. 이때 사용하는 대접 수단이 '앳 홈.' 하지만 이 단어의 취급에는 약간 주의가 필요하다.

'재택일(앳 홈 데이)'의 변천

앳 홈이라는 단어가 딱 맞는 모임은 크게 2종류가 있다. 우선 첫 번째는 일시를 명기한 초대장을 보내 여는, 주로 오후의 파티 '가정 초대회(앳 홈스)'를 말한다. 또 하나는 여주인이 자택에서 대기하는 요일과 시간대를 설정하고, 친한 친구의 방문을 예약 없이 자유로이 받아들이는 '재택일(앳 홈 데이)'이다.

가정 초대회에 대해서는 다음 항목에서 서술하기로 하고, 우선은 '재택일'을 검토해보자. 방문객을 받는 요일을 설정하는 관습은 19세기 중반 상류 계급에서 시작되었고, 그 후 수십 년에 걸쳐 중

류층까지 퍼진 것으로 보인다. 예를 들어 1867년의 『에티켓의 법
과 세칙』에는 이것은 외국에서 온 관습이며 '잉글랜드에서는 그다
지 익숙하지 않다'고 쓰여 있다. 한편, 1870년의 『사교계의 교류』
에는 '바쁘고 지위가 높은 사람에게만 허용된다', '좀 오만한 관습'
으로 단정하고 있으며, 마치 일반 중류 여성이 '재택일'을 한정하는
것은 건방지다고 말하는 것 같다. 하지만 1889년의 『좋은 예의』에
의하면, 재택일의 관습은 이미 '사회적으로 인지'된 것인지 수입이
적은 사람들에게는 손님을 맞이할 준비를 집중해서 할 수 있으므
로 쓸데없는 지출이나 하인의 노동을 절약할 수 있다고 되어 있다.
　1890년의 『상류 사교계의 매너와 룰』 제16판에는 초대장을 보내

<음악의 가정 초대회> 주최자 여주인이 왼쪽 끝의 남성에게 이렇게 말한다. "다음은 당신이 노래해요. 대접할 아이스크림이 부족해서 사람 숫자를 좀 줄이고 싶거든요." 『펀치』 1878년 3월 30일.

열리는 오후의 '가정 초대회'와, 그렇지 않은 '재택일'의 장을 구별해 해설하고 있으므로 이때까지는 정착되었다고 봐도 좋을 것이다. 에티켓 북의 '재택일'의 취급을 보면, 중류 계급의 여성이 귀족의 관습을 동경해 '주제도 모른다'는 비난을 받으면서도 자기 나름대로 일상에 받아들였고, 결과적으로 그것이 '에티켓'이 되어 널리 받아들여지는 상식이 되어가는 패턴을 관찰할 수 있다.

재택일을 알리는 방법은 친한 지인일 경우 구두로 전달하면 되지만, 19세기 말 무렵에는 방문 카드의 왼쪽 끝에 '화요일', '둘째주

✒ <피아노 대결> 사교의 장에서 피로할 '레이디의 소양'으로서, 아가씨들은 피아노를 배웠다. 벽이 얇기에 옆집이 뭐 하는지 다 들렸다…. 『펀치』 1855년.

· 넷째주 수요일', '3월과 4월의 목요일' 등, 재택일을 인쇄해 배포하는 일도 자주 있었다.

또, 방문을 받는 출입 자유 시간대는 3시~5시가 선호되었다. 2시대까지는 점심 식사가 있었으며, 5시부터는 가족과 일가의 애프터눈 티 시간이 걸리기 때문에 식사나 차를 낼 필요가 있다. 에티켓 북에도 굉장히 친한 친구 이외에는 추천받은 시간 이외의 방문은 삼갈 것을 권하고 있다.

특별한 초대가 있는 경우는 바로 '가정 초대회'이다. 이때의 대접 내역은 실로 다채롭고 범위가 넓다.

 유행하던 론 테니스를 도입한 가든 파티. 『카셀즈 패밀리 매거진』 1877년.

다양한 '가정초대회'의 형태

현재는 거의 모든 사교적인 모임이 '가정 초대회'라 불립니다. 단, 정찬회는 예외입니다. 댄스를 추는 가정 초대회, 음악을 즐기는 가정 초대회, 회화가 중심인 가정 초대회도 있으며, 이것들은 모두 오후나 밤, 경우에 따라 다르게 개최됩니다.

또한 연극 가정 초대회도 있습니다. 이 경우에는 아마추어가 연기하거나, 특별한 기회일 때는 프로 배우를 고용하기도 합니다.

이런 모임에서의 에티켓은 놀라울 정도로 비슷합니다. 상황에 따라 개최일 3주나 2주, 아니면 1주일 전에 초대 카드를 보냅니다. 이러한 카드는 주최자와 게스트의 이름, 날짜와 시간을 공란으로 한 기성 제품이 판매되고 있습니다. 음악이 구경거리인 경우에는 '음악(뮤직)'이라고 카드에 적습니다. 댄스회인 경우에는 그 대신 '무도(댄싱)'라고 씁니다.

이러한 초대 카드에는 통상적으로 'R.S.V.P.(답신 요망)'이라는 문자도 적혀 있습니다만, 그렇지 않더라도 받은 후에는 며칠 안에 답장을 보내야만 합니다. 손님이 몇 명이나 오는지를 알지 못하면 대접해야 하는 여주인이 곤란해지니까요.

『숙녀와 신사를 위한 에티켓 전집』(1900)

이 에티켓 북의 기술에 의하면, 최소한 19세기 후반 즈음에는 구두 회화로 연주회, 오후의 댄스회, 무도회, 아마추어 연극 등이라 불릴 법한 특별한 모임도 초대장 문면으로는 '가정 초대회'에 포함되었던 것이 된다. 저녁 식사 후 밤 10시나 11시부터 열리는 '가정 초대회'는 리셉션이라고도 불렸는데, 에티켓 북에서는 구두로 말할 때 '앳 홈'이 아니라 '오늘 밤은 스미스 씨 댁의 파티에 갑니다' 등으로 말하라고 권한다.

<서로에게 실망> 가정 초대회에서 아마추어 연극을 상연 중이다. 엄격한 여주인 : "너무 늦었네요. 벌써 한참 전에 시작됐답니다." 초보자의 연기가 싫은 중요 인물 : "뭐라고요! 아직도 하는 중인가요!" 『펀치』 1876년 7월 8일.

'회화가 중심인 모임'——즉, 카드에 '앳 홈'만 적혀 있고 따로 보충 설명이 없는 경우 개최 시간이 오후라면, 그것은 '다섯 시의 차(five o'clock tea)'와 마찬가지로 보통 애프터눈 티를 가리켰다.

🍃 초대제 애프터눈 티를 여는 법

10~30명 정도의 작은 차 모임이라면 초대장 없이 평소의 애프

// <애프터눈 티> 내성적인 남성이 전에 피로했던 재밌는 이야기를 모두 앞에서 다시 한 번 해달라는 부탁을 받고…. 차 모임은 어느 쪽이냐고 한다면 여성이 중심이었다. 『펀치』 1873년 5월 17일.

터눈 티를 약간 호화롭게 하는 정도여도 상관없다. 당신은 대접하는 역할의 여주인으로서, 응접실에 착석해 대기하고, 손님을 맞이하며, 직접 커다란 찻주전자에서 차를 따라 손님에게 넘겨주게 된다. 새로운 손님을 맞이하느라 바쁘고 일손이 부족할 것 같다면, 가능한 한 하인이 아니라 딸이나 지인, 친척의 어린 영애 등의 도움을 받아 차를 돌린다.

하지만 50명에서 수백 명 정도의 중규모나 대규모 가정 초대회에서는 좀 더 준비가 필요하다. 두꺼운 코트를 입는 계절이라면 클록 룸을 설치해 상의를 맡을 필요가 있다. 여주인은 응접실 문 안쪽에 서서 대기하고, 차례로 도착하는 손님을 악수로 맞이한다.

// "레모네이드보다 기운이 나는 거 뭐 없어?" 어린이들에게는 레모네이드와 오렌지주스가 기본. 루이스 보머 작. 『펀치』 1920년 12월 22일.

몇 개의 방을 개방해 자유로이 드나들 수 있게 해두고, 인테리어나 회화, 사진 앨범 등을 보게 한다. 정찬실에 긴 테이블을 두고, 충분한 차와 간단한 음식을 준비해 하인들이 손님에게 넘겨주는 입식 형식을 취한다. 차, 커피, 과자나 케이크, 과일, 크림 등 외에도, 남성 손님을 위한 젤리나 클래릿 컵(와인 칵테일)도 준비한다.

그렇다고는 해도 오후의 차 모임에는 압도적으로 여성 참가자가 많았다. 일을 해서 돈을 벌 필요가 있는 중류 계급 남성이라면 낮에는 일을 할 테고, 설령 유한계급의 신사라 해도 여성들의 사교에 어울리기보다는 남성 한정의 신사 클럽 쪽을 더 편하게 보고 좋아했음은 영국 소설 속 묘사 곳곳에서 읽어낼 수 있다.

애프터눈 티의 세팅. 흰 테이블 천을 깔고 꽃으로 장식하고, 얇게 자른 빵, 버터, 케이크와 비스킷을 늘어놓은 후 은 주전자와 자기 티 세트를 둔다. 『비튼 부인의 가정생활책』 1906년.

여주인으로서의 자세와 '소개'의 의미

전원이 서로 아는 사람이면 몰라도, 수십 명에서 수백 명 규모가 끊임없이 출입하는 '가정 초대회'에서는 모르는 사람끼리 자연히 옆에 앉게 된다. 대접하는 역할인 당신은 그러한 장면을 재빨리 파악하고, 기지를 발휘해 소개할 필요가 있다.

또, 그런 경위로 상대의 이름이나 직함을 듣고 화기애애하게 담소를 나누었다 해도, 그건 그때에만 국한되는 것이며 '정식으로 소

/// <폰슨비 드 톰킨스 부인의 '재택일'> 공작부인을 대접하던 '상승 지향'의 젊은 사모님
(오른쪽)에게 남에게 보이기 싫은 친척이 찾아오고 말았다. 「펀치」 1880년 1월 24일.

개받은 사이'라고 단언할 수는 없다. 다른 곳에서 다시 만났을 때
신분이 낮은 쪽에서 친한 척하며 말을 걸거나 인사를 하는 것은 아
직 허용되지 않았다. 신분이 높은 쪽의 인간이 상대를 인식하고,
방긋 웃으며 인사하거나, 말을 건 시점에서야 비로소 카드나 방문
을 나눌 수 있는 관계가 시작된다. 랭크가 높은 측이 진전을 바라
지 않는다면, 차가운 웃음만을 남기고 지나치거나, 눈을 마주치지
않고 무시한다. 그렇게 되면 다른 주최자의 파티에서 재회한다 해
도, 전혀 모르는 사람인 것처럼 다시 시작해야 하는 것이다.

가정 초대회란 지인들과 교류하며 인맥을 넓히기 위한 장이다.
그렇다고는 해도, 신참 상대를 받아들일 것인가, 관계를 진전시킬

것인가는 항상 서열이 높은 쪽에 결정권이 있었다. '벼락부자'를 가능한 한 가까이하고 싶지 않다는 상류 귀족들의 프라이버시를 중시한 바람은 존중해야만 했다. 가정 초대회를 주최하는 당신은 항상 참가자들의 상태를 살피면서 세심한 기지를 발휘해 그 자리의 인간관계를 파악하고, 타인을 끌어들이는 흥미로운 공간을 만들어야만 한다.

＊ 상연물의 배리에이션

　'가정 초대회'가 성공하기 위한 최대의 비결은 가능한 한 많은 저명인을 모으는 것입니다. 단순히 칭호가 있기만 한 것이 아니라, 재능이나 인격으로 사교계에서 부동의 지위를 점유하는 그런 남녀가 좋습니다.

　　『사교계의 교류』(1870)

　가정 초대회를 더욱 흥미로운 자리로 만들기 위해, 국내외의 왕실이나 요인의 출석을 확보했을 때는 'D 왕녀 전하를 맞이하며', 'C 백작과 함께' 같은 한 문장을 자랑스러운 듯이 내세웠다. 누구나 아는 인기 연주가나 예능인을 부르는 데 성공했을 때도 가장 중요한 사항으로 초대장에 표기했다. 별로 유명하지 않은 연주가나 무보수 아마추어라면 그냥 '뮤직'이라고 썼다.

　보수를 지불하고 프로 엔터테이너를 초대해 주된 여흥으로 삼는

// 서민을 위한 연주장(뮤직 홀)에서 인기가 있었던 동물 곡예단. 「런던 생활」 1902년.

것은 폭넓게 이뤄지고 있었다. 1895년 '해로즈 백화점' 상품 카탈로그에도 파티에 부를 수 있는 뮤지션이나 밴드, 가수나 코미디언, 피에로와 곡예사, 수상장이(손금을 보는 사람-역자 주), 점술사, 심지어는 곡예를 하는 개나 고양이까지 폭넓은 리스트가 게재되어 있다.

보수액도 명기되어 있으며, 여성 피아니스트는 밤 12시까지고 10실링 6펜스, 남성 피아니스트는 하룻밤 대절에 1파운드 1실링. 2,000곡의 레퍼토리를 연주할 수 있는 5인 편성 악단은 5파운드 5실링. 여성 피아니스트의 보수가 남성에 비해 낮은 이유는 전체적인 대금 격차도 물론 있었지만, 어쩌면 당시 중류 계급 이외의 레이디는 기본 소양으로 음악을 배우는 사람이 많았기에 공급 과잉이었던 건지도 모른다.

'동양인 수상장이'는 3파운드 3실링이며, '작은 새의 그물 건너기, 고양이 복싱, 생쥐 경주' 등을 포함한 '응접실, 가든파티, 학교'

에 어울리는 동물 곡예단도 3실링 3펜스로 부를 수 있었다. 아이들을 기쁘게 할 것인가, 어른들을 사로잡을 것인가, 손님으로 부르는 유력자만으로도 다른 사람들에게는 '대접'이 될 수 있는가. 당신은 예산과 모임의 규모와 게스트 리스트를 바라보면서, 추가 여흥을 고심하게 된다.

연주회와 애프터눈 댄스

연주회는 사교계에 야심을 품은 여성이 사람들을 사로잡기 위해 선택하는 정석과도 같은 취향이었던 모양이다. 어떤 여성의 체험

<음악의 가정 초대회> 프랑스인 연주가를 초대한 여주인. 손님들은 수다에만 정신이 팔려 연주가는 짜증이 났지만, 어설픈 프랑스어를 구사하는 그녀에게 비아냥은 통하지 않았다. 『펀치』 1887년 4월 9일.

을 봐도 그 사실을 엿볼 수 있다.

19세기 초, 백작의 딸이던 레이디 샬럿 게스트는 귀족끼리가 아닌 유복한 중류 계급의 공장주와 결혼한 것, 또 모친도 목사와 재혼했다는 사정이 겹치면서 상류 사교계의 중심부에서 밀려나고 말았다. 레이디 샬럿은 '최고로 고귀한 피'에 어울리는 지위를 회복할 것임을 맹세하고, 상류 계급 친구들의 도움을 빌리기도 했는데, 그녀들 중 몇 명이 연주회를 개최할 것을 추천했다. 각계의 요인을 손님으로 초대하고, 유명한 프로 연주가와 가수를 불러 사적인 콘서트를 연 것이다. 그리고 연주회와 무도회를 되풀이하면서 남편에게도 남작의 칭호가 주어지게 되었고, 최종적으로 레이디 샬럿은 사교계에서 점하는 자신의 지위에 만족할 수 있었다고 한다.

자택의 응접실에 의자를 늘어놓아 회장을 만들고, 연주나 노래를 듣는 그런 연주회만이 아니라 댄스가 주된 모임도 있었다. 밤의 무도회는 격식이 높고 비용도 하늘 높은 줄 몰랐지만, 그렇게까지 돈을 많이 쓸 수 없는 사람들에게는 오후에 열리는 가벼운 '애프터눈 댄스' 모임도 인기가 있었다. 칸막이가 처진 아름다운 무도회실이 없다 해도, 평범한 응접실 카펫 위에 '댄스용 천'을 깔면 대응할 수 있었다. 손님은 정장인 이브닝드레스가 아니라 보통 4~7시라는 시간대에 맞는 낮의 외출용 드레스를 입고 왔으며, 코트나 망토는 벗어도 모자는 쓴 채로 춤췄다.

교외의 저택 정원 등을 이용해 벌어지는 뷔페 형식의 가든파티는 19세기 후반 초여름 시기에 자주 열리게 되었다. 댄스를 포함한 경우는 역시 응접실이나 정원에 세워둔 가설 텐트 안에서 열렸다. 밤의 무도회에 대해서는 다른 장에 양보하기로 하자. '가정 초대회'를 통해 사교계의 평판을 조금씩 올린 당신은 드디어 정찬회를 열기로 결정한다.

🌿 정찬회 초대는 최고의 영예

정찬회 초대는 항상 영예로운 것으로 생각해야만 합니다. 또 그것은 당신이 초대해준 사람과 대등한 계급이라는 것을 인정받았다는 것이기도 합니다. 어떤 나라에도 이러한 종류의 테스트는 존재하지만, 잉글랜드에서는 정찬회의 초대장이 사회적인 평등의 증거인 것입니다.

『현대의 에티켓』(1895)

정찬회 초대에는 초대객에 대해 그 어떤 사교 모임과 비교해봐도, 훨씬 많은 존경이나 우정, 진심이 담겨 있습니다. 어떤 사람이 다른 사람에게 보내는 사교상 최고의 찬사라 할 수 있는 것입니다.

『상류 사교계의 매너와 룰』(1890)

정찬회 개최에 대해, 또는 초대받았을 때의 마음가짐에 대해 서술한 에티켓 북의 내용은 엄청나게 많다. 일단 초대를 수락했다면, '건강 불량, 가족의 사정 또는 엄청나게 중요한 이유'를 댈 수 없는 한 거절하는 것은 엄청난 무례로 취급되었다. '개최 직전에 시시한 변명을 하면서 결석하는, 그런 배려가 부족한 사람은 다음 모임의 초대 리스트에서 빠지게 되겠죠'처럼.

초대장의 형식도 다르다. 가정 초대회의 초대장은 댄스든 아마추어 연기든 가든파티든 똑같은 '앳 홈' 카드에 한마디를 추가하는 정도로 넘어갔고, 여주인 한 사람의 이름만 표기해 보내는 것이었다. 하지만 정찬회의 공식적인 초대장은 주최자 부부의 이름을 나란히 적고, 3인칭 문장으로 적는 것이 통례였다. '스미스 씨와 스미스 부인은 윈저 양이 정찬회에 와주시기를 부탁드립니다'라는

// 1849년 노포크 공작 부부가 런던 중심부의 자택에서 빅토리아 여왕 부처를 초대해 개최한 향연. 사교계의 정점.

식이었다. 이것은 현재도 국제 의례나 공식적인 초대장에 계승되었다. 이런 양식의 초대장에는 답장도 3인칭으로, '윈저 양은 스미스 씨와 스미스 부인의 친절한 정찬회 초대에 기꺼이 응하겠습니다'가 된다.

정찬회의 초대장에는 고유 명사나 시간, 날짜, 주소를 공란으로 비워 미리 인쇄해둔 카드를 사용했는데, 좀 더 친밀한 관계의 작은 모임 때는 어느 정도의 친밀함을 드러낸 직필 편지를 보냈다. 예정이 몰려 있는 런던 사교기라면 초대장을 4~6주 전에 보낼 것. 보통 때는 3주 전, 작은 모임일 때는 5~10일 전이면 충분했다. 답장도 준비하는 여주인을 생각해 24시간 이내, 늦어도 2일 안에는 보내는 것이 예의였다. 가능하면 하인을 보내는 것이 좋았지만, 우편으로 보내는 것도 허용되었다.

설령 보내는 사람에 부부 이름이 나란히 쓰여 있었다 해도, 실제로 방문 카드나 리스트를 관리하고, 초대장을 보내고, 답장을 받고, 준비하느라 분주한 것은 부인의 역할이었다. 당신은 이상적인 정찬회를 목표로, 가능한 한 흥미롭도록 인선을 고려하게 된다. 거북한 숙부님이나 백모님이 나중에 기분 상하지 않도록 친인척도 적당히 섞을 필요가 있으며, 무엇보다도 최대한 남녀를 같은 숫자로 확보해야만 한다. 당일은 반상의 게임처럼 커플을 짜 움직이게 되므로.

🍃 정찬회는 서열의 일대 스펙터클

사교계에는 신분이 높은 상류 계급들이 자신의 지위를 남용하는 경우가 많이 있으며, 이러한 사람들은 다들 아시다시피 시간에 맞춰 나타나지 않습니다. 그 사람들은 사교기 중 가장 번창한 시기에 초대주인 여주인이 자신을 빼고 시작하기보다는, 30분 정도는 기다린다는 사실을 잘 알고 있습니다.
『상류 사교계의 매너와 관습』(1879)

당시 사교계의 상층부에는, 지각에 무관심하고 파티의 주최자가

얼마나 기다려주느냐에 따라 자신의 스테이터스를 가늠하려는 사람이 적지 않았음을 파악할 수 있는 기술이다. 그 정도까지는 할수 없을 정도로 자신의 가치에 자신이 없다면, 초대장에 적혀 있는 시간(19세기 말이라면 대개 밤 8시)에서 '15분 이내'에 도착하는 것이 안전한 행동이었다. 너무 빨라도, 너무 늦어도 타이밍이 좋지 않은 것이었다.

　도착한 손님은 하인이 맞이해 클록 룸으로 안내한다. 그렇다고는 해도 개인의 집에 평소부터 전용 방이 있는 것은 아니었고, 도서실이나 예비용 작은 응접실을 개방해 남녀별로 간단히 몸치장을 할 수 있게 해두었다. 남성은 홀이나 클록 룸에서 모자와 장갑과 지팡이를 하인에게 맡기고, 여성도 코트나 망토를 벗고 머리카락과 드레스를 정돈했다. 그리고 집사나 풋맨이 손님의 이름을 듣고, 주최자 부인이 기다리는 응접실까지 안내한 다음 문 옆에서 도착했음을 알린다.

　집사 또는 남성 하인 누군가가 좋은 목소리로 '윈저 부부십니다(미스터 앤 미세스 윈저)'라며 부부가 도착했음을 남편부터 먼저 선언한다 해도, 입실하는 순서는 여성이 먼저다. 이 단계에서 팔짱을 끼고 나란히 들어가는 것도 무례한 일이다. 손님들은 우선 주인부부에게 다가가 악수를 청한다.

 <당연한 처사> 6시 반의 초대를 받고 8시 반에 도착해도 문제가 없다고 생각하던 신사 : "기다려주실 줄로만 알았습니다." 여주인 : "설마요! 벌써 끝났죠. 차라도 드시겠어요?" 『펀치』 1859년.

　　손님들이 모이고 준비가 완료될 때까지 15분 정도는 음식물이 나오지 않지만, 그렇다고 해서 모임 주최자인 당신과 남편은 가만히 기다리기만 해서는 안 된다. 사전에 남녀가 같은 숫자가 되도록 조정하고, 가계나 칭호 등을 확실히 조사해둔 손님들을 서열에 따라 조합해, 남녀를 짝지어줘야 하는 일이 남아 있기 때문이다. 담소를 나누면서 은근슬쩍 남성 손님에게 '스미스 씨, 윈저 부인을 데려가십시오'라고 부탁한다. 모르는 사람들이라면 소개한다.

　　다시금 집사가 모습을 나타내 '정찬 준비가 완료되었습니다'라고 전하면, 주인이 가장 지위가 높은 여성 손님에게 오른팔을 내

밀고, 그녀는 그 팔을 잡고 나란히 나간다. 여주인인 당신은 2번째 남녀, 3번째 남녀순으로 지위에 따라 말을 걸어 내보낸다. 여주인과 가장 신분이 높은 남성 손님은 가장 마지막에 나간다. 이렇게 응접실에서 정찬실까지 정장을 입은 남녀가 팔짱을 끼고 줄지어 이동하는 것이 시작하는 의식이었다.

서열을 따르다가 부부, 친자, 형제자매 등 가족이 페어가 되어버렸을 경우에는 조정이 필요했다. 마찬가지로, 주인 부부의 상대가 될 최고 랭크의 손님이 가까운 혈연관계일 경우에도 다른 손님에게 경의를 표하며 변경한다. 단, 약혼 중인 남녀는 지위를 불문하고 커플로 만들어줘야 했다. 그래도 수가 맞지 않아 동성끼리 남아버렸을 경우에는 팔짱을 끼지 않고 한 명씩 걸어갔다. 지위가 비슷할 경우에는 나이가 많은 쪽, 미혼보다 기혼, 작위나 영예 수여 시기가 오래된 쪽이 위다.

정찬실에 도착하면 입구에서 먼 안쪽 끝에는 여주인인 당신이, 그 오른쪽에 응접실부터 팔짱을 끼고 온 최고위의 남성 손님이 자리한다(이 위치 관계에 대해 왼쪽에 남성을 앉히게 하는 책도 있다. 현대의 국제 예의에서는 여주인 오른쪽에 주빈이 앉는다). 입구 근처의 끝자리는 주최자인 주인, 그의 오른쪽에 최고위의 여성 손님이 앉는다. 그 후는 한 쌍씩 여성이 오른쪽에 앉으며, 남녀 교대로 자리에 앉는다.

이상이 19세기 말의 영국식 긴 테이블 사용법이었다. 테이블이 너무 길어서 끝과 끝이 먼 경우에는 주인 부부가 긴 쪽의 중앙에 마주보고 앉으며, 최고 랭크의 남녀 손님을 각각 옆에 앉혔다.

> 저 여성과 함께하고 싶다, 같은 '선택할 권리'는 모든 신사에
> 게 주어지는 것은 아닙니다. 단순히 랭크가 기준이니까요.
> 『상류 사교계의 매너와 관습』(1879)

이동과 석차에 대해서는 대화하기 쉽다거나 친밀함보다는 서열을 지키는 것이 중요했다. 다소의 변경은 있다 해도, 질서를 어지럽히지 않는 범위에서 손님에게 경의를 표하기 위함이다. 즉, 공식적인 정찬회란 단순히 사이좋은 사람들이 모여 식사를 하는 것이 아니라, 누가 누구보다 위고 아래인가라는 사실을 동석한 전원의 눈에 보이도록 하는 장소이기도 했다.

그렇다고는 해도, 이런 관습을 깨는 경우도 꽤 있었던 모양이다. 에어리 백작부인 메이벨의 회상에 의하면, 그녀가 정찬실로 가는 줄을 서려 하면 그때마다 다툼이 일어났다고 한다.

'포틀랜드 공작부인이 항상 먼저 가겠다고 주장'했는데, 위계를 따진다면 '사실은 록스바라 공작부인이 더 먼저'였기 때문이다.

개시 시간의 약속을 지키지 않는 경우가 많았던 것처럼, 제대로 된 룰이 존재하는 장소에서조차 지위를 내세워 자신의 희망대로 하려는 사람은 꽤 있었던 것으로 보인다.

🌿19세기의 메뉴와 급사법

정찬실에서 남성이 여성의 의자를 빼서 앉히면, 여성은 눈앞의 그릇 위에 예쁘게 접어둔 냅킨을 든다. 길고 꽉 끼는 장갑을 벗어 무릎에 두고, 그 위에 넓게 펴서 반을 접은 냅킨을 덮는다. 자, 이제부터 드디어 식사가 시작된다.

옛날 영국에서는 '프랑스식 급사'라고 해서, 테이블 위에 다양한 요리를 큰 그릇에 내어 두고, 주인과 여주인이 나눠주거나 출석자가 원하는 것을 서로에게 부탁해 받아서 먹으며, 식사를 마치면 정리하고 다음 세트를 내오는 방법이 주류였다. 19세기 후반에는 러시아 대사관의 급사장이 소개했다는 '러시아식 급사'가 서서히 보급된다. 손님 한 사람 한 사람 앞에 냅킨과 빵, 나이프, 포크류와 잔이 놓여 있으며, 전채 요리부터 디저트까지, 하인들이 한 그릇씩

ʃʃ (위)<정찬 테이블——고풍스러운 스타일> 프랑스식 급사법의 테이블 세팅. 뚜껑을 덮
은 큰 요리 그릇이 테이블 중앙에 잔뜩 놓여 있다. 이걸 각자 스스로 덜거나, 덜어주는
걸 받아 먹는다. 『비튼 부인의 가정생활 책』 1906년.
ʃʃ (아래)<정찬 테이블> 러시아식 급사법의 테이블 세팅. 테이블 중앙에는 큰 그릇에 담
긴 요리는 없고 과일만 장식되어 있다. 여기서부터 코스별로 웨이터가 직접 각자에게
한 그릇씩 요리를 내온다. 『비튼 부인의 가정생활 책』 1880년대.

1. Open Jelly with whipped cream. 2. Yorkshire Pie and Aspic Jelly.
3. Trifle, Ices and Jellies around.
4. Christmas Pudding. 5. Jelly of two colours.

빅토리아 시대 식후의 단맛과 짠맛의 요리. 왼쪽 위부터 순서대로, 젤리와 휩 크림/요
크셔 파이와 아스픽 젤리(고기나 물고기 수프로 만든 젤리)/트라이플(스폰지 케이크
와 과일과 커스터드, 생크림을 올린 과자) 주변에 아이스크림과 젤리를 늘어놓은 것/
크리스마스 푸딩/2가지색 젤리 『카셀의 가사 가이드』1880년대.

상류 사교계의 에티켓(1893)

가을 정찬(10, 11, 12월) 12인 · 8코스 구성의 요리

1. 수프
   맑은 바다거북이 수프
   흰 수프

2. 물고기 요리
   대구
   청어의 치어

3. 앙트레(메인 디시 전의 요리)
   양고기 커틀릿, 토마토 소스를
   곁들인 오이스터 파테
   리 드 보(송아지 흉선)
   비프 올리브

4. 리무브스
   (메인 디시. 를르베라고도 부른다)
   양 허리고기
   암컷 칠면조

5. 사냥한 새고기(게임)
   꿩
   도요새

6. 스위츠
   (앙트르메라고도 부른다)
   베이크웰 푸딩
   와인 젤리
   이탈리아풍 크림

사과 케이크
초콜릿 크림
치즈 퐁듀
매콤한 달걀

7. 아이스크림
   바닐라 아이스크림
   커런트 와인 아이스크림

8. 과일(디저트라고도 부른다)
   파인애플
   배, 포도
   서양 모과
   개암 열매

내오는 방식이다. 이것은 프랑스식보다도 더 많은 식기와 하인이 필요했다.

각각의 코스를 어떻게 부를 것인가, 어디에 뭘 내올 것인가.『다양한 규모의 파티 여는 법』(1880)과『상류 사교계의 에티켓』(1893)을 참고로, 19세기 말의 사적인 정찬회에서 나온 메뉴를 재구성해 보자(124쪽 항목 참조).

'러시아식 급사'에 의한 요리 구성은 오늘날 제공되는 코스 요리의 것과 비슷하다. 수프 전에 전채(오르되브르)가 있다거나, 물고기 요리나 앙트레를 하나가 아니라 몇 종류를 계속해서 제공한다거나, 아이스크림으로 입가심을 한 후 또 다시 고기 요리를 낸다거나, 메인 디시 전후에 제철 채소나 샐러드를 독립된 코스로 끼워 넣는 등, 종류가 더 많고 길고 볼륨 만점인 정찬회가 되는 패턴도 있었다.

또 '앙트레', '앙트르메', '스위츠', '디저트'에 포함되는 내용이 같은 단어라도 나라나 시대에 따라 변하는 점에도 주의가 필요하다. 앙트레는 현대 미국에서는 메인 디시를 가리키는 경우도 있다. 디저트라면 보통 케이크를 상상하지만, 영국에서는 과일을 말한다. 식후의 단 과자는 스위츠나 앙트르메, 현대에는 푸딩이라고 총칭하기도 한다.

🍂 아스파라거스와 피시 나이프의 함정

나이프, 포크는 하인의 손으로 테이블 위에 가지런히 놓여 있으며, 수프 스푼, 오이스터 포크, 테이블 나이프와 포크……등, 요리에 맞는 도구를 순서대로 사용한다.

뭘 써서 어떻게 먹느냐에 대해 세세하게 ―아이스크림이나 케이크는 스푼이 아니라 포크로, 과일이나 물기가 많은 과자는 스푼으로, 씨가 있는 과일은 그릇 위에서 떼어내거나 입으로 가져간 후 눈에 띄지 않도록 살짝 씨와 껍질만 뱉는다 등등― 페이지를 할애해 서술한 에티켓 북이 많다. 커틀러리(식탁용 나이프, 포크 등) 사용법은 사교계에 익숙하지 않은 독자들을 가장 불안하게 만드는 것이었을지도 모른다.

어째서인지 반드시라고 해도 좋을 정도로 다루어지는 것이 '아스파라거스 먹는 법'이다. 아무래도 과거 시대에는 손으로 집어서 먹는 게 보통이었을 터인데, 1890년대에는 나이프로 마디를 잘라 포크로 먹도록 되어 있었던 모양이다. 그래도 '기본은 손으로 먹지만 버터를 바른 것은 포크로. 나이프는 쓰지 않는다'라거나, '과거의 관습이 사라지지 않은 연배의 신사 중에는 손을 쓰는 사람도 있다' 등으로 적혀 있는 책도 있다. 당시 아스파라거스는 단독으로 메인 디시로 취급될 정도로 인기가 있었으며, 먹는 방법도 과도기였기에 '정답'을 바라는 의식이 높았던 것으로 보인다.

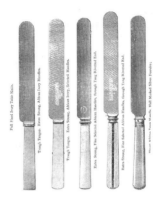

⫽ 상아 손잡이가 달린 테이블 나이프. 백화점 해로즈의 카탈로그에서. 1895년.

⫽ 공들여 장식한 피시 나이프. 물고기 모양도 있다. 1895년.

마찬가지로 에티켓이 변한 것 중에 피시 나이프가 있다. 물고기 전용의 은 또는 은도금 나이프와 포크를 사용하게 된 것은 19세기 초의 일로, 그때까지는 포크와 잘게 찢은 빵을 이용해 먹었다. 피시 나이프는 독특한 형태에 화려한 모양이 들어가 귀엽지만, 계급을 나타내는 지표로 생각하는 사람도 있다. 예를 들어 20세기 초에 대귀족의 집에서 일했던 전 집사 아서 인치는, 피시 나이프는 중류 계급의 독특한 것이었다고 저서『정찬 준비가 다 됐습니다』(2003)에서 기술했다. 상류 계급 사람들은 전통적인 생활 스타일을 좋아했으며, 용도가 한정된 신기한 발명품은 사용하고 싶어 하지 않는다는 것이 스테레오 타입적인 관점으로 존재했다.

🦚 고기 자르기는 주인의 임무

정찬의 메인이 되는 요리를 '리무브'라 부르는 경우가 있다. 이것은 옛날 프랑스식 급사법에서 최초의 코스에서 나온 수프나 물고기 요리가 든 큰 그릇을 치우고(리무브하고) 등장한 요리인 것에서 유래했다. 통째로 구운 로스트 치킨이나 뼈가 달린 커다란 고깃덩어리가 운반되면 그 자리에서 자르고(카빙) 각자의 그릇에 나누어 준다.

고풍스러운 프랑스식 급사인 경우, 이런 고기 자르기는 보통 주최자 측의 주인, 가장의 역할이었다.

카빙은 오랫동안 고급스러운 생활의 소소한 기술로서 존중

되어왔습니다. 교육을 잘 받고 자란 남성을 첫 눈에 알아볼 수 있는 테스트이자, 솜씨 좋고 우아하게 실행해낸다면 상류 사회에서 훈련을 받았음을 증명할 수 있었습니다. '홀에서 춤추는 것과 식탁에서 자르는 것'은 젊은 신사가 익혀야 할 기능으로 평소에도 중요성을 지니고 있었던 것입니다.

메그 도즈 『요리사와 주부 입문』(1829)

러시아식 급사가 보급된 후 자르기는 집사 또는 다른 하인의 일이 되었고, 식탁 위가 아닌 사이드 보드에서 행해지게 된다. 그럼 이것으로 주인들은 '비범한 중책'에서 해방된 건가 했더니, 다른 메뉴는 하인들이 한 그릇씩 나눠주지만 메인 요리의 카빙 의식만을 식탁의 주인에게 남겨주는 '반 러시아식'도 있었으므로 방심은 금물이다.

『비튼 부인의 가정생활 책』이든 그 외의 에티켓 북이든, 이후 시대의 증쇄에서도 고기 자르는 방법에 대해서는 독립된 항목으로 다루며, 페이지를 할애해 길게 해설하는 것들이 많다. 그뿐 아니라,『자르기 핸드북, 정찬 식탁을 위한 에티켓과 함께』(1839) 등, 카빙이 주제이고 테이블 매너는 부록 취급하는 책도 있었다.

현대 연회에서는 샐러드나 전골 요리를 나눠주거나, 음료수를 따르는 등의 행위는 마치 젊은 여성의 역할인 것처럼 여겨지는 장면이 많은 것 같다. 하지만 19세기 중반까지의 영국에서 메인 디시의 큰 고기를 잘라 나눠주는 행위는, 남성이 사교 기능을 발휘할 기회였다.

젊은 여성에게 요구되던 '암묵적인 양해'

정찬회에서는 대량의 요리를 다 먹지 않고 남기는 것은 실례이다—라는 등의 에티켓은 존재하지 않으며, 코스마다 패스해도 상관없다. 하지만 요리를 선택하는 방법도 그저 취향에 따르는 것만이 아닌, 에티켓을 의식해야만 했다. 앞서 기술한 '가을의 정찬' 메뉴 리스트 중에서 보자면, 수프나 메인 고기 요리 등 2종류 이상의 요리가 제안되어 있지만 주의 깊게 살펴보면 '투명 또는 하얗고, 담백하고, 파릇한' 소재와 '색이 진하고, 풍미가 강하고, 숙성된' 소재 양쪽이 포함되도록 고려되어 있다. 이것은 젊은 여성은 전자를, 남성은 후자를 먹어야만 한다는 남녀의 역할 고정적인 사고방식이 반영되어 있기 때문이다.

여성 중에서는 단순히 좋아하지 않기 때문에 굴을 먹지 않는 사람이 굉장히 많이 존재합니다. 하지만 굴을 먹지 않은 쪽이 숙녀답다고 생각해서 거부하는 사람도 있습니다. 아마도 젊은 여성의 미각은 숙성되지 않은 거겠지요. 남성 중에서는 여성이 식욕을 드러내는 것을 엄청나게 싫어하며, 앙트레는 거절하고 치킨을 얇게 자른 것과 젤리 한 입 정도로 끝냈으면 좋겠다고 생각하는 사람이 있습니다. 하지만 반대로, 식욕이 왕성한 것은 건강하고 위가 튼튼하다는 증거라며 존중하는 남성도 있습니다. 물론 무슨 일이든 극단적인 의견의 중간 정도가 정답이겠지요. 그리고 대규모 정찬회의 요리는 주로 미식가인 남성의 취향에 맞춰 만들어진 것이므로, 여성은 맛이 제일 진하고 리치한 요리는 피하고 가장 심플한 요리를 선택하는 것이 당연한 것으로 간주됩니다. 이 어드바이스는 젊은 여성이나 젊은 기혼 부인에게 특히 더 해당되는 것입니다. 중년이나 연배가 있는 여성은 좋아하는 것을 마음껏 먹어도 뒷말을 들을 리도 없거니와, 다른 사람의 주목을 끄는 일조차 없겠지요.
『상류 사교계의 매너와 룰』(1890)

반대로 말하면 중년이나 연배가 있는 여성이라면 상관없지만,

<말하지 않는 편이 더 좋았을 텐데> 주최자인 여주인에게 '전혀 안 드시네요'라고 묻는 손님. "이미 모든 요리를 조금씩 먹었거든요." "그건 딱히 대단한 양은 아니네요." 『펀치』 1886년 10월 23일.

젊은 여성이 담백한 치킨이나 야채를 우아하게 소량만 먹는 게 아니라 '남성처럼' 풍미가 강한 양고기나 굴을 마구 먹으면 눈살을 찌푸리게 된다는 뜻이다. 그렇다고는 해도 젊은 사람은 애초에 코르셋을 있는 힘껏 조일 테고, 설령 좋아하는 음식이라 해도 마음껏 먹는 건 어려웠을지도 모르지만.

앞서 기술했던 메뉴 중 '앙트르메' 카테고리의 마지막에는 달콤한 과자만이 아니라 '짠 요리(세이버리)'도 두 개 기재되어 있다. 이것은 식후의 디저트 와인과 함께 먹을 것을 상정한 '짠 안주' 정도로, 러시아식 급사의 세분화가 진행되면서 독립된 코스로 나뉘게 된다. 하지만 『상류 사교계의 매너와 룰』에 의하면, 이러한 짠 요리는 '젊은 여성은 보통 먹지 않습니다. 신사를 위한 것이기 때문입니다.' 식후의 와인에 대해서도 '여성은 더 달라고 하지 않습니다.' 그리고 테이블 매너 장의 마지막은 '당연하겠지만, 젊은 여성은 정찬회에서 치즈는 먹지 않습니다'라는 한 문장으로 마무리된다.

19세기의 정찬회에서는 술을 좋아하고 짠 음식을 좋아하는 젊은 여성은 존재하지 않거나, 있다 해도 에티켓에 위반되며 사회의 규범에서 벗어난 존재로 취급될 정도였다. 와인과 치즈와 맛있는 것과 여자끼리의 수다 떨기를 좋아하는 현대의 젊은 여성들에게, 빅토리아 시대의 정찬회는 제대로 즐길 수 없는 모임이었을지도 모른다.

/// 식사 중에는 장갑을 벗고, 정찬실을 나갈 때 다시 낀다. 『걸즈 오운 페이퍼』 1883년 12월 15일.

자유와 권력

요리를 내오는 하인들은 과일까지 모두 내온 후에는 주인 부부와 손님들을 남기고 퇴실한다. 여기서부터는 참가자가 서로에게 디캔터(와인 등을 넣는 식탁용 목이 가는 유리병-역자 주)를 돌리면서, 과일이나 짠 요리, 와인을 맛본다. 10분 정도 지난 후, 여주인인 당신이 일어나서 가장 고위인 여성 손님에게 목례로 신호한다. 여기서 전원이 일어선다──여성은 당신을 마지막으로 줄지어 나가므로, 남성은 여성에게 경의를 표하고, 그중에서도 출입구에 가까이 있던 사람은 문을 열어두고 기다린다. 사람들이 응접실에 도착하면 이미 하인들이 커피를 준비하고 기다리고 있다.

남아 있던 남성들은 주인 주변으로 자리를 옮기고, 와인과 연초를 태우며 숙녀들 앞에서는 하기 어려운 이야기를 한다. 도대체 무슨 이야기를 하는가 하면, 험프리 부인의 『남성의 매너』(1897)에 의하면 '정치나 스포츠' 얘기였던 모양이다. 즉, 그런 화제는 굉장히 남성적이며, 남녀가 함께 있는 정찬 때는 별로 좋은 화제로 여겨지지 않았다.

정치와 스포츠 화제에 아직 따라가지 못하는 젊은 남성을 발견한다면, 주인이 먼저 자리를 떠나 여성들이 있는 방으로 가는 건 어떠냐고 재촉하는 경우도 있었던 모양이다. 하지만 남성 그룹에서 추방된 젊은 남성이 여성 집단에 혼자 들어가는 것은, 그 나름대로 용기가 필요했을 것이다.

수많은 요리 메뉴도 그렇고, 편안한 대화 화제도 그렇고, 얼핏

// 정찬회 이후. 응접실에서 한바탕 환담을 나누고 여주인과 작별 인사를 하고 해산한다.
『런던 생활』 1902년.

보기에는 뭐든지 마음대로 고를 수 있는 것처럼 수많은 선택지가 제시되지만, 실제로 선택할 수 있는 건 그다지 많지 않다. 초대주의 풍요로움이나 자유로움, 센스를 보여줄 필요는 있지만, 고정관념을 벗어나는 것을 선택하면 곤란한 것이다. 예를 들어 급사 담당인 하인이 수프 그릇을 물릴 때 '더 드시겠습니까?'라고 묻는 건 정해진 예의지만, 그걸 진짜로 받아들여 수프를 더 부탁하면 안 된다고 에티켓 북에 적혀 있다.

그렇다고는 해도, 처음에 기술한 것처럼 지배계급의 한정된 서클에 발을 들여놓았다면, 정치가가 마음껏 격론을 펼치는 모임도 있는가 하면, 여성의 참정권이 아직 인정되지 않은 시대였음에도 스스로 적극적으로 정치에 관여하려는 레이디도 있었음은 분명하다. '약속'을 깰 자유를 얻기 위해서는 태어날 때부터 고귀한 신분이거나, 아니면 다양한 희생을 지불하고 얻은 부, 명성, 권력이 필요했던 건지도 모른다.

🍸 정찬회의 마무리

아무리 남성들끼리만 있는 곳에서 의논이 왕성하게 벌어진다 해도, 정찬실에서 계속 술을 마시느라 응접실에서 여성들을 오래 기다리게 하는 건 좋은 태도가 아니었다. 남편들이 오는 게 너무 늦어진다고 느낀 당신은 하인에게 말해 정찬실로도 커피를 보내게 된다. 이것은 굉장히 강한 재촉의 신호였다.

최고위의 남성 손님이 때를 보아 일어서면, 주인은 벨로 하인들에게 신호를 보내고 남성들은 응접실로 이동해 여성들과 합류했다. 도착할 때쯤 홍차가 준비되는 것이 순서였다. 그로부터 30분 정도 담화를 나눈 후, 10시 30분경에 마차를 불러 그날 밤을 마무리하게 된다.

남녀가 짝을 지어 교류하면서도 서열 상하가 중시되어 꽤 거북한 자리였다. 성별에 따라 기대되는 역할이나 이미지도 현대 이상으로 견고했다. 그 자리를 정리해야 하는 여주인의 고생은 상상을 초월하는 것이었다. 그래도 중대한 이벤트인 정찬회가 성공한다면, 하나의 고비를 마쳤다, 명성을 얻었다, 계급의 작은 계단을 하나 올랐다 등의 충족감을 얻을 수 있었던 건지도 모른다.

모임을 하나하나 성공시켜 그 사람의 파티는 세련되고 항상 느낌이 좋다라는 명성을 계속 얻었다면, 당신은 한층 더 높은 세대로 가길 기대하게 될 것이다. 가족의 미래를 위해, 딸이나 아들에게 좋은 인연을 만들어줘야만 한다. '선택지'는 과연 어디까지 넓어질 것인가.

인사는 윗사람이 먼저

길을 가던 영국 신사가 지인 여성을 만났을 때, 자신의 모자를 살짝 들어 올려 인사한다──고풍스러운 영화에서 자주 볼 수 있는 장면이다. 이렇게 길에서 인사하는 방법에도 당연히 에티켓 법칙이 있다.

인사는 윗사람이 아랫사람을 '인식'했을 때 발동한다는 기본적인 규칙이 있다. 에티켓상의 순위는 칭호가 있는 쪽·높은 쪽이 위, 연령이 높은 사람이 위, 기혼자가 미혼보다 위, 그리고 남성보다 여성 쪽이 위이다. 당시 영국에서는 서로 아는 사이인 남녀가 만났을 때, 인사는 여성이 먼저 하는 것으로 되어 있었다. 하지만 굉장히 친한 관계일 경우에는 물론 예외다. 또, 유럽 대륙에서는 반대이니 주의하라고 쓰여 있는 에티켓 북도 있다.

즉, 사랑에 빠진 영국 신사가 아직 그다지 친밀하지 않은 그 여성을 거리에서 발견했다 해도, 상대가 자신을 인식하고 가볍게 고개를 숙이기 전까지는 이쪽에서 말을 걸어서는 안 된다. 가까이 다가가 악수를 청하거나, 몸을 건드려 돌아보게 하거나

하는 행위는 당연히 용납되지 않았고, 눈을 맞추고 모자를 들어 올리는 것도 상대가 그걸 바란다는 것을 확인한 후에 해야 했다. 그렇다면 이쪽을 알아볼 때까지 어떻게 기다려야 하는 걸까? '왔다갔다하면서 그녀를 뚫어지게 봐서는 안 됩니다'(『사교계의 교류』 1870)라고 하지만, 그렇다고 해서 상대가 알아챌 것 같은 거리에 있는데도 '눈을 돌리고 무시하라는 건 아닙니다'(『남성의 매너』 1897). 상황에 알맞은, 자연스러운 태도가 요구되는 것이다.

남성끼리의 경우는 보통 모자를 들지는 않으며, 가볍게 고개를 끄덕이는 정도로 넘어간다. 친구가 여성과 함께 있을 경우에는, 그 여성이 상대의 어머니나 여동생 등 가족이라 해도 모자를 들어 인사한다. 이때도 지위가 높은 연상 쪽이 먼저 행동을 취한다.

거리를 재고, 바깥부터 메운다

자 그럼. 남성이 지인 여성을 길거리에서 만났을 경우, 잠깐 이야기를 하고 싶다면 남성 쪽이 여성이 가는 방향으로 같이 걸으며 대화하고, 얘

// 토요일 오후, 마차로 지나가는 여성들에게 남성이 스스로 다가가 인사한다. 이것은 가벼운 매너 위반? 『펀치』 1888년.

기하고 싶은 내용이 끝나면 원래 방향으로 돌아가는 것이 전통적인 매너였다. 같은 시기의 책에도 여성과 같이 걸을 때, '시중을 들 필요가 있는 노약자 이외에는 팔짱을 껴서는 안 된다'고 절도를 강조하는 것과 '밤에는 반드시 팔을 내줄 것'이라는 책 양쪽이 모두 존재했는데, 남녀에게 허용된 육체적 거리감에 관해서는 저자에 따라 견해가 달랐던 모양이다.

교통량이 적은 벽 쪽으로 여성을 걷게 해 가드하고, 만약 쇼핑하고 돌아가는 경우 등과 같이 짐을 들고 있으면 도와주겠다고 자청한다. 비가 내리면 우산을 들어준다.

이렇게 기사도적인 행동을 취해도, 상대의 마음에 들지 않으면 '느낌이 좋은 인사만 하는 관계'에서 더 나아가지 못할 가능성도 있다. 에티켓을 갑옷으로 삼아 가드를 굳힌 상대에게 다가가려면, 역시 에티켓을 무기로 삼아야 한다. 즉, 다른 사교의 장에서 타인의 소개를 받으며 바깥에서부터 메워나가 거절할 수 없는 상황으로 밀어넣을 필요가 있었던 모양이다.

제4장
무도회와 남녀의 흥정

🐝 오스카 와일드의 에티켓

> 벨릭 공작부인 : "(소파에 기대며) 그 카드 좀 보여줘. 윈더미어 사모님이 다시 카드를 쓰기 시작해서 정말 기쁘네. 이것만 있으면 딸을 가진 모친은 안심이니까. 저기, 너!(두 개의 이름을 지운다) 좋은 아가씨는 말이야, 귀족의 자제라 해도 재산을 받을 수 없을 것 같은 이런 남자와 왈츠를 추면 안 되는 거란다! 굉장히 행실이 나빠 보이니까! 마지막 두 곡은 호퍼 씨와 테라스로 나가렴!"

> 던비 씨와 프림데일 경 부인, 무도실에서 등장.

> 아가사 양 : 예, 어머님.
> 오스카 와일드 『윈더미어 경 부인의 부채』(1892)

오스카 와일드라고 하면 현대에는 『도리안 그레이의 초상』, 『살로메』 등, 유미주의·퇴폐적·환상적인 작품으로 알려져 있지만, 1890년대에는 사교계를 무대로 한 가벼운 희극의 각본을 쓰며 인기를 얻었다. 계급 사회에 푹 빠진 남녀의 가치관을 비판적인 시선으로 묘사했으며, 허세와 체면치레가 인간관계에 풍파를 일으키는 것을 당시의 도덕에서 크게 벗어나는 일 없이 최후에는 대단원으로 마무리했다. 이러한 장르의 연극은 '풍속 희극(코미디 오브 매너즈)'이라 부른다. 매너의 코미디, 즉 동 시대의 풍속·관습, '행동

∥ 댄스를 신청 받은 여성이 자신의 '댄스 카드'를 내밀어 파트너의 이름을 쓰게 한다. 『댄스 추는 법』 1900년경.

의 기준'이 숨겨진 주역인 것이다. 웃기기 위해 현실이 과장되고 왜곡되는 면도 있지만, 에티켓 북과 대조해 보면 빅토리아 시대의 사교계에서 무엇이 '상식'으로 취급되었는지를 캐볼 수 있을 것이다.

앞쪽의 인용은 어떤 귀족 부인 저택 무도회의 정경이다. 공작부인이 딸에게 누구와 춤을 춰야 하는지 전수 중이다. 정당한 방법

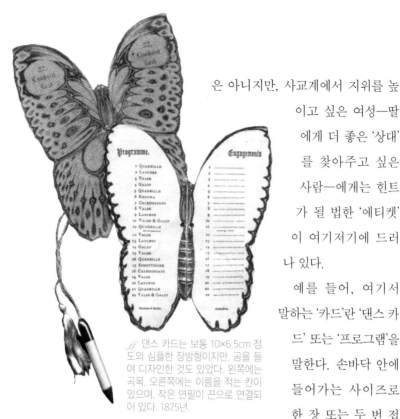

은 아니지만, 사교계에서 지위를 높이고 싶은 여성—딸에게 더 좋은 '상대'를 찾아주고 싶은 사람—에게는 힌트가 될 법한 '에티켓'이 여기저기에 드러나 있다.

예를 들어, 여기서 말하는 '카드'란 '댄스 카드' 또는 '프로그램'을 말한다. 손바닥 안에 들어가는 사이즈로 한 장 또는 두 번 접은 카드로, 펼쳤을 때

✎ 댄스 카드는 보통 10×6.5cm 정도의 심플한 장방형이지만, 공을 들여 디자인한 것도 있었다. 왼쪽에는 곡목, 오른쪽에는 이름을 적는 칸이 있으며, 작은 연필이 끈으로 연결되어 있다. 1875년.

왼쪽 페이지에 그날 밤에 연주될 예정인 댄스곡 종류와 곡명이 인쇄되어 있으며, 오른쪽 페이지는 밑줄이 그어진 공란으로 되어 있다. 이것을 여성이 댄스 파트너의 예약 상황을 기록하기 위해 사용한다. 남성이 여성에게 댄스를 신청하고 수락하면, 그는 곡 옆의 공란에 자신의 이름을 연필로 적게 된다. 『윈더미어 경 부인』 극중에서는 주최자인 '사모님'이 '다시 쓰기 시작했다'——즉, 시류의 변화에 맞춰 폐지했었지만, 다시금 사용하게 되었다는 '설정'으

로 되어 있다.

1890년대의 에티켓 북에 나온 내용에 따르면, 댄스 카드는 런던의 사저에서 열리는 무도회에서는 '절대로 쓰이지 않았다'라고 적혀 있을 정도로 쓰이지 않았던 모양이다. 전원 지대의 파티나 티켓제 오픈 무도회에서만 이 카드가 배치되어 있었다고 한다.

신청은 남성이 여성에게만 할 수 있었지만, 누구의 신청을 받고 거절할 것인지는 여성에게 선택할 권리가 있었다. 그렇다고는 해도, 같은 남성과 계속 춤추는 건 확실히 에티켓 위반이었다. 이것은 제9대 모르바라 공작부인 콘스에로를 시작으로, 수많은 귀부인들이 회상록에서 증언하고 있다.

『윈더미어 경 부인의 부채』에 등장하는 벨릭 공작부인은 딸의 결혼 상대로서 자격이 충분한 상대를 골라 춤추도록 시도하고 있었다. 그녀의 '귀족 자제라도 재산을 받을 수 없을 것 같은…', 이런 대사에는 굉장히 중요한 정보가 포함되어 있다. 당시는 '장자 상속'이 주류이며, 아무리 격이 높은 귀족이라 해도 칭호와 저택, 재산의 태반은 장남이 상속하게 되어 있었다. 또, 차남 이하의 남성은 성직자, 군의 장교, 식민지 근무 관료나 외교관 등 전문직이 되어 보수를 받으며 자력으로 생활해야 했던 사정이 반영되어 있다.

누나라 해도 여성일 경우는 역시 재산의 주된 부분은 물려받지 못하고, 지참금으로 현금이나 채권을 가져가게 하는 것이 일반적이었다. 당시 여성의 인생은 결혼 상대에 따라 크게 좌우되었다.

너무나도 노골적인 '조금이라도 조건이 좋은 남편 사냥'에 대해

// 저녁 식사 이후에. 미스터 : "왈츠 추시지 않겠습니까?" 미스 : "그러고 싶은 마음은 굴뚝 같습니다만, 유감스럽게도 가득 차서요." 카드도 배도 가득. 존 리치 작 『펀치』 1861년.

전부 말해버리고, 그걸 들은 딸은 '예, 어머님'만 되풀이하면서 얌전히 따르기만 한다. 이건 아마도 '코미디'이기에 가능한 과장된 표현이긴 하겠지만, 고귀하게 포장한 외면 아래 숨어 있는 속내는 대부분 이런 것이 아니었을까. 무도회는 사교계에서 젊은 사람들을 만나게 하고, 서로의 상성을 보기 위한 무대 장치였다. 타인이 연 무도회를 계속 돌면서 선전하는 것도 좋지만, 자신의 딸의 존재감을 내세우기 위해서는 개인적인 무도회를 자택에서 여는 것이 제일이었다. 구체적인 무도회 여는 법을 에티켓과 매뉴얼 책의 내용에 따라 상상해보자.

🖋 무도회의 정의

'19세기 영국의 무도회'라고 한마디로 말하지만, 열리는 장소, 개최 목적, 참가자 타입에 따라 큰 차이가 있다. 성공하기 위해서는 적정한 때와 적정한 타입의 무도회를 열어야만 했으며, 각각에 적용해야 하는 룰이 다르다.

에티켓 북의 분류에 의하면, 우선 크게는 '공개적인(퍼블릭)' 무도회(볼)와, '초대제'(프라이빗 또는 인비테이션) 무도회로 나뉜다. '공개' 무도회는 실행 위원회와 후원자인 여성(레이디 페이트러네스)이 입장 티켓을 판매하고, 그걸 입수한 사람들이 들어올 수 있는 모임이다. 내역은 주 무도회(카운티 볼), 자선 무도회(채리티 볼), 기부금을 모으기 위한 무도회(서브스크립션 볼) 등이 있다.

'초대제' 무도회에는 개인 저택에서 열리는 일반적인 모임 이외에, 여우 사냥에 동반되는 수렵 무도회(헌트 볼), 또는 군대나 의용군 시설에서 열리는 군대 무도회(밀리터리 볼) 등이 있다. 또, 가장 무도회(팬시 드레스 볼)나 사교계 데뷔 이전의 소녀와 소년을 위한 오전 0시에 마치는 '신데렐라 무도회'도 있다. 또, 위와 같은 경향의 모임이라도 티켓제로 열리면 '공개 무도회'가 된다.

기본적으로 어느 정도 대규모의 모임은 '무도회(볼)'라고 불리며, 작은 것은 심플하게 '댄스'라 불렸다. 『상류 사교계의 매너와 룰』(1890)에 의하면, 당시 댄스는 80~200명 정도를 초대한 것, 볼은 200~500명의 것을 가리켰다고 한다. 참고로 오늘날 개인의 체험으로 익숙한 '파티'의 대표격인 것은 결혼 피로연이라 생각되지만,

'한 곡 추시겠습니까?'라고 남성이 예의바르게 여성에게 요청한다. 1890년경.

그것도 일본의 경우 초대 손님은 70명 정도의 규모가 일반적이다.
현실의 가능성은 일단 배제하고, 19세기 당시 영국 사교계에서 이
상적으로 생각되었던 '볼'의 정의는 그 수 배에 해당한다.

초대 손님 선별

무도회는 전원의 자리를 확실하게 정해두는 정찬회보다는 사람
숫자에 융통성이 있었다. 또, 손님들의 최대 목적인 파트너를 구

 사교의 장에서 기품 있는 젊은 남녀가 너무나도 기품 있는 표현으로 대화를 나눈다. 별다른 내용은 없다. 『펀치』 1874년 2월 7일.

하기 힘든 한산한 파티보다는 사람이 북적거려 혼잡한 상태가 더 낫다고 생각하는 개최자가 많았던 모양이다. 그렇다고는 해도, 작은 집에다 들어갈 수 없을 정도의 사람을 초대해서는 안 된다고 에티켓 북은 경고한다.

아무리 열심히 노력해 사교계를 헤쳐 나왔다 해도, 500통이 넘는 초대장을, 그것도 가능한 한 사교계의 유명인만을 노리고 보내는 것은 어렵다. 그런 사람들은 지위가 높은 친한 지인에게 부탁해 게스트 리스트를 만들어달라고 하는 방법이 있었다. 초대장은 당신 단독 이름으로 보내며, 협력자의 추천장을 동봉한다. 무도회는 만찬회와는 달리 여주인 이름만 적어 보낸다. '댄스'든 '볼'이든, 앞에서 소개했던 '가정 초대회(앳홈)'의 초대 카드 하부에 '댄싱'이라고 적기만 하면 된다.

사교계에서 유명한 지인에게 초대 리스트를 일임하는 수법은 아직 지위가 불안정한 여성에게는 고마운 것이었지만, 그 지인은 자신이 소속된 동료 집단의 멤버로 리스트를 채우고 당신의 오랜 친구 중 지위가 낮은 친구들을 몰래 삭제해버릴지도 모른다. 당신의 무도회인데 내실을 완전히 빼앗겨버린다는 것은 의미가 없을 테고, 앞으로의 전개도 제대로 연결하기 어렵다. 그렇지만 모든 걸 각오하고 위로 올라가기로 각오했다면 하나의 선택지일 수는 있었을 것이다.

예를 들어 빅토리아 시대의 영국에서 가장 유명한 풍자만화지 『펀치』의 주석 일러스트레이터이자 친족의 유산으로 상층 중류 계급으로 생활하던 린리 샌본 부부에게는 친하게 지내던 회사 경영자가 있었다. 이 유복한 와트니 씨가 귀족의 딸과 결혼하면서, 샌

<역전의 무사> 어머니가 딸에게 "창백해서는 안 된다. 입술을 깨물고 뺨을 문지르렴"
이라고 어드바이스. 메이크업은 금물이었던 시대에 입술과 뺨을 붉게 보이는 작전.
『펀치』1854년.

본의 부인 마리온은 사교계에서 상대의 스테이지가 한층 올라가
버렸기에 교제가 끊어지리라 각오하고 있었다. 실제로 결혼식에
도 초대받지 못했다. 하지만 나중에 그에 대한 보상으로 자택으로
초대되었으며, 교우는 지속되게 되었다. 와트니 씨의 부인인 백
작 영애 레이디 마가렛은 샌본 부부의 딸 모드에게 상냥하게 대했

고, 그녀가 사교계에 데뷔할 때 귀족으로서 사교계의 지식을 아낌없이 전수하며 도왔다. 모드는 귀엽고 화술도 뛰어났던 모양이다. 결국 본인의 인품과 매력, 커뮤니케이션 능력에 달린 건지도 모른다. 그녀는 주위의 도움도 있어 유복한 남성과 맺어졌고, 그 딸 앤은 두 번째 결혼으로 백작부인이 되었다고 한다.

자, 딸의 좋은 장래를 원하는 당신은 어떻게든 초대 리스트를 완성시키고, 매너에 따라 3주일 정도 전까지 초대 카드를 보낸다. 드디어 구체적인 준비를 진행해야 할 때다.

🖋 무도회장의 준비

『다양한 규모의 파티 여는 법』(1880)에 의하면, 수백 명 규모의 성대한 '볼'을 열기 위해서는 300~500파운드가 들었다고 한다. 19세기 사무직이나 학교 교장, 상점이나 하급 성직자 등 검소한 하층 중류 계급의 연수입이 150~300파운드 정도였다. 더 위를 보면 끝이 없고, 런던에서 최상류층 귀족의 무도회에서는 하룻밤의 무도회에 장식하는 생화만으로 1,000~2,000파운드가 들었다는 소문이 있을 정도다. 이상적인 '볼'을 열려 하면, 단 한 번으로 연수입 전액이 날아가 버리게 된다. 하지만 당신이 딸을 위해 여는 무도회를 '볼'이라 불리게 하고 싶다면, 그만큼의 수고와 비용 출혈을 각오해야만 한다.

갈고 닦은 마룻바닥에 드레스와 샹들리에가 비치는 무도실. 『잉글리시 일러스트레이티드 매거진』 1883년.

　거대한 저택에는 댄스 전용의 '무도실(볼 룸)'이라 불리는 방이 상설되어 있는 경우도 있다. 하지만 유서 깊은 '전원의 대저택(컨트리 하우스)'이라도 댄스 전용 방은 설치되어 있지 않은 경우가 더 많다. 커다란 저택이라면 입구를 지나 바로 나오는 홀이나 살롱, 음악실(뮤직 룸), 길고 큰 방(롱 갤러리) 등을 무도장으로 이용했다. 그렇지 않으면, 대개의 경우 응접실(드로잉 룸)의 가구를 움직여 대처하게 된다. 애초에 토지가 좁은 런던의 타운 하우스에서는 그렇게 공간을 사치스럽게 쓸 수는 없었다.

　하우스 메이드에게 시켜서 마룻바닥을 거울처럼 갈고 닦는 것이

이상적이지만, 일반 카펫을 치우고 춤추기 좋은 전용 천을 까는 경우도 있었다. 의자는 벽에 등을 붙여 늘어놓고, 중앙에 댄스를 위한 공간을 만들었다.

🦃 음식은 별실에

댄스를 추는 방에는 음식물을 가져가지 않고, '끽다실(티 룸)'은 반

손님을 초대했을 때의 서퍼 제안. 『비튼 부인의 가정생활 책』 1880년대.

드시 별도로 준비한다. 이때는 도서실이나 조식실을 이용했다. 서비스용 긴 테이블에 홍차나 커피, 클래릿 컵, 셰리주, 레모네이드나 오렌지 주스, 그리고 파운드케이크와 마데이라 케이크, 비스킷 등의 과자를 늘어놓고, 안쪽에 선 급사 역할의 하인이 넘겨준다. 손님들로 혼잡하고 환기도 잘 안 되는 무도실에서는 상쾌하게 시원한 음료나 빙과류가 선호되었다. 『다양한 규모의 파티 여는 법』에는 크림계 아이스크림과, 과즙이나 와인으로 맛을 내 얼린 '워터 아이스' 2종류를 초대인 수의 절반 정도는 준비할 것을 추천한다. 확실히 당시 사교계에 처음으로 발을 내디딘 영애(데뷔턴트)의 회상 록을 보면, 젊은 여성들이 무도회에서 우선적으로 기대하는 것은 아이스크림이었던 것 같다는 점을 엿볼 수 있다.

밤 12시가 지나면 끽다실은 종료하고 '석식(서퍼)'으로 이행한다. 작은 둥근 테이블을 잔뜩 늘어놓거나, 길고 큰 테이블을 준비하거 나 해서 자유로이 착석하게 하는 방법과, 의자는 최소한으로 해 공 간을 유효하게 이용하는 입식을 생각할 수 있었는데, 요리의 내용 이나 급사 역을 맡을 하인 수, 테이블 세팅 면을 봐도 착석식 쪽이 더 많은 예산이 필요했다. 즉, 만약 무도회를 통해 유복함을 어필하 고 싶다면 정찬회와 비교해도 손색이 없을 정도의 석식 자리를 준 비해야 한다는 것이다. 하지만 좁은 런던에서는 특히 더, 100명 이 상의 손님을 한 번에 앉히고 식사를 대접하는 것은 무리가 있었다.

무도회의 석식, 11월 · 12월 · 1월
 『다양한 규모의 파티 여는 법』(1880)

1. 수프
   콘소메, 데유슈리냑(채소와 굳힌 달걀을 깍둑 썰기해 넣은 투명한 수프)

2. 따뜻한 앙트레
   사냥으로 잡은 새나
   짐승 고기를 자른 것(지비에)

3. 큰 그릇 요리
   젤리를 곁들인 햄
   혓바닥 고기 장식 모둠
   사냥으로 잡은 새나
   짐승 고기 파테, 트뤼프 첨가

   칠면조

4. 차가운 앙트레
   종다리 가슴살 절임
   닭고기와 마요네즈
   오마르 새우 샐러드
   커틀릿, 왕녀풍
   푸아그라 잘게 저민 것
   사냥으로 잡은 새나 짐승 고
   기 갈랑틴 (고기를 저며서
   삶은 요리)
   젤리를 곁들인 잘게 저민 햄
   젤리를 곁들인 잘게 저민 혀

5. 앙트르메(감미)
   과일 깍둑썰기
   체리 젤리
   아몬드 젤리
   이탈리아풍 크림
   커피 바바루아
   퓌이 다무르(잼과 크림을 채운 파이)
   나폴리풍 케이크
   (잼을 사이에 바른 케이크)
   젤리로 굳힌 과일
   작은 모양으로 구운 수플레
   파리풍 구운 과자 모둠

클록 룸에서 신인 소년 하인 페이지 보이가 신사의 '크러시 햇'(가지고 다니기 편리하도록 작게 접은 모자. 오페라 햇)을 잽싸게 뭉갠다. …이건 그런 구조가 아니라 최고급 실크 모자인데. 존 프리스트먼 앳킨슨 작. 『펀치』 1891년 4월 25일.

그렇기에 손님 전원의 절반~1/3 정도의 자리를 확보하고, 우선 시해야 할 고위 손님부터 순서대로 유도해 빈자리부터 차례로 정리하며 다음 사람을 안내하는 방법을 취하게 되었다. 『다양한 규모의 파티 여는 법』에는 아예 석식실을 집 밖에 만들어버리는 아이디어도 소개되어 있다. 초여름의 사교기 동안에만 텐트나 가설 오두막을 렌탈해 정원에 세우는 것이다. 당연하지만 우선 그러한 공간을 확보했을 때 가능한 이야기이다. 즉, '런던 사교기'는 딸의 사교계 데뷔를 위해 성대한 파티 회장에 어울리는 집을 빌리는 것부터 시작되는 것이다.

그 외에는 클록 룸도 필요하다. 우선 도착한 손님을 유도하고 남성의 모자와 코트 등을 맡아두는 창고로서 클록 룸은 반드시 필요하지만, 그 이상의 기능을 지닌 방도 준비하는 편이 좋다. 반드시 남녀 별도로 방을 하나씩 설치하고, 거울이나 핀 등 소도구류를 구비해 옷과 머리 모양을 정돈하기 위한 공간으로 사용하게 한다. 어떤 에티켓 북을 펼쳐 봐도, 대개 여성용 클록 룸에는 '드레스가 찢어졌을 경우에 대비해, 여성 하인을 한두 명 대기시켜야 합니다'라는 어드바이스가 실려 있다. 즉, 스텝을 실수해 드레스 자락을 밟아버린다……는 사고는 개최 측이 대비하는 게 당연하다고 여겨질 정도로 자주 있는 일이었던 게 아닐까.

평소에는 최소한의 하인을 부리던 집이라 해도, 정식 무도회를 열려면 웨이터를 몇 명 임시로 고용할 필요가 있었다. 무도실의 입구에서 손님의 경칭과 이름을 낭랑하게 선언하는 인원도 뺄 수 없었다. 당시의 가치관으로는 이런 중요한 의식을 메이드에게 시킬 수는 없었던 모양이다. 1880년대 급사 역할만 하는 보통 웨이터는 하루에 12실링부터 고용할 수 있었지만, '손님 방문 아나운스'를 맡길 수 있는 웨이터—즉 외견과 목소리가 좋다는 뜻일 것이다—를 확보하려면 그 기능에 대해 1기니(21실링)의 비용을 각오해야만 했다. 자 그럼 다음은 드디어 무도회 당일이다.

🍃 무도회 당일의 흐름

여주인인 당신은 오늘밤의 주역인 사랑하는 딸과 함께 계단 위나 무도실 입구에 서서 기다린다. 도착한 손님들은 전술한 클록룸을 경유해 우선 끽다실로 안내되며, 그 후 여주인에게 와 악수를 청하는 것이 예의였다. 200명의 초대 손님이 단 번에 악수를 청하러 온다면 계단이 무너져버릴 것만 같지만, 요리를 내오는 시간이 정해져 있는 만찬회와는 다르게 무도회는 기본적으로 출입이 자유이며, 손님의 도착 시간이 각기 달랐다. 초대장에 기록된 시간은 19세기 말 런던이라면 밤 9시 30분경이었는데, 대부분의 사람들이 실제로 도착하는 건 10시 30분 이후였고 새벽 4시경까지 계속되는 것이 일반적이었다.

만약 로열 패밀리가 오는 경우에는 남성인지 여성인지, 프린스

인지 프린세스인지, 아니면 그 피와 관련이 있는 외국의 대공인
지, 아무튼 그 고귀한 분이 도착할 때까지 댄스를 시작할 수 없다.
가장 고위의 게스트가 여성이라면 그 집안의 주인과, 남성이라면
여주인인 당신이나 손님 전원에게 소개하고 싶은 당신의 딸과 페
어가 되며, 첫 댄스를 추게 된다. 그 곡은 전통
적으로 '카드릴'이라 불리는 종류의 집단으로
추는 스퀘어 댄스였다.

19세기 말에 인기가 있었던 댄스곡 장르는
다음과 같다.

카드릴
랜서즈
왈츠
하이랜드 스코티시
하이랜드 릴
폴카
코티용

개막곡은 카드릴, 마
무리곡은 코티용으로 하
는 것은 거의 정해져 있
었지만, 그 이외에는 이

연미복을 입은 남성과 이브닝드레스 차림의
여성이 왈츠를 춘다. 『오늘의 런던』 1893년

// 최후의 댄스는 대표적인 춤인 '코티용.' 여러 페어가 참가해 3박자 왈츠곡에 맞춰 원을 이루거나 가까워졌다가 멀어지며, 파트너를 바꿔 가며 춤춘다. 「런던 생활」 1902년경.

런 종류의 곡들이 뒤섞여 흘렀다. 녹음 재생기기가 보급되지 않았던 시대이므로, 당연히 라이브 밴드가 연주한다. 밴드 규모는 지금의 크기와는 다르게, 작은 모임이라면 피아노 밴드, 대무도회라면 오케스트라, 보통보다 살짝 호화로운 모임이라면 실내현악 5중주가 딱 좋았다. 악단은 최대한 눈에 띄지 않는 곳에 배치한다.

'아이들은 모습은 보여도 목소리가 들려서는 안 된다'(모습은 보여도 되지만 조용히 하도록 예의범절을 가르쳐야만 한다)라는 규칙 문구가 있습니다만, 무도회 악단의 경우는 가능하다면 그 반대로 해야만 합니다. 소리는 들려도 되지만, 모습은 보여서는 안 되며 보인다 해도 방해가 되지 않도록 해야 합니다. 가장 좋은 것은 무도실 창밖의 나무 오두막에 악단을 배치하는 것으로, 창문은 제거하고 녹색 잎이나 식물, 꽃 등으로 가려 가능한 한 연주자의 모습을 숨깁니다. 하지만 이 방법이 가능한 경우는 그다지 많지 않습니다.

레이디 콜린 캠블 편 『상류 사교계의 에티켓』(1893)

그게 불가능할 경우, 『상류 사교계의 매너와 룰』(1890)에 의하면 무도실 안쪽 끝이나 출입구 문에서 가장 먼 벽에 배치하며, 그것도 어렵다면 옆방에 배치하기를 권한다. 이러한 과정을 거쳐 모습은 눈에 띄지 않지만 소리는 잘 들리는 상황을 만들어냈다.

🎵 셀레브리티의 도착

그런데, 사교기가 한창 절정인 런던에서 무도회를 열 때는 다른 사람이 주최하는 모임과 날짜가 겹쳐버리는 경우도 드문 일은 아니었다. 딸을 위해 온갖 수단을 동원해 초대한 사교계의 유명인이 언제 와서 얼마나 머물러줄 것인지, 당신은 신경을 곤두세우고 기다리게 된다.

어떤 무도회를 열기로 결정했던 바로 그날 밤에 계급이 높은 집에서 상류의 무도회가 열리게 된다면, 성대한 쪽이 작은 쪽

11 무도회를 원망스러운 듯 바라보는 반주자 여성. 『런던 사교계』 1865년.

을 지워버리는 경우도 있습니다. 애초에 상류 사람들은 작은 모임은 슬쩍 보기만 하고 다른 모임에서 밤새도록 즐깁니다. 이처럼 소규모 모임이 사라져버리는 일은 런던 사교기에 무도회를 개최하는 사람들이 같은 그룹에 들어 있는 이상, 매우 자주 일어납니다. 작은 모임을 더 화려하게 만들어주길 바라고 부른 손님은 대개 아주 잠깐만 모습을 드러낼 뿐입니다. 그것도 예의에 어긋날 정도로 이른 시간대인 11시 전 정도에 와서, 30분도 채 머물지 않고 같은 레벨의 다른 무도회로 떠나버립니다. 거기서도 또한 아마도 20분 정도밖에 머물지 않고, 다음 모

여성 손님이 주최자인 여주인과 악수로 인사한다. (어째서인지 1890년대에는 높은 위치에서 악수하는 것이 유행했다)『펀치』1890년 2월 8일.

임으로 갑니다. 그곳이 목적지, 말하자면 그날 밤의 무도회가
시작되는 것입니다. 여성이든 남성이든 이 관습에 따라 움직이
므로, 밤 12시경이 되면 평범한 레벨의 무도회를 주최한 여성
은, 자신의 무도실이 방치되고 달리 갈 곳이 없는 듯한 사람만
남아 있는 꼴을 보게 되는 것입니다.

　　　　『상류 사교계의 매너와 룰』(1890)

　인기 있는 사교계의 유명인이 무도회를 옮겨 다니는 것과 그 결
과로 별로 친하지도 않은 상대로 가볍게 취급되는 일은, 그래도 와
줄 가치를 인정한 이상은 피할 수 없었다.『상류 사교계의 매너와

상류 계급에서 유행하던 '작고 빨리 마치는 모임(스몰 앤드 얼리)'를 열어 본 부부. 남
편 : "정말 작고 빠른 모임이 됐군! 1시 반이 지났는데 사람이 넘치잖아." 부인 : "정말로
시시각각 (방이) 작고 (아침이) 빠른 시간이 되었네요!"(모양만 상류를 흉내 내고 있다)
『펀치』1886년 7월 31일.

룰』은 엄청난 노력을 기울여 준비한 모임이 다른 모임과 겹처 대
실패로 끝나기보다는 연기하는 쪽이 좋다거나, 즉석으로 여는 댄
스 모임은 대개 성공하지만 사전 준비가 부족한 무도회는 틀림없
이 실패한다는 등으로 겁을 준다.

앞 장에서 다룬 정찬회는 사교계에서 서로의 지위를 끝없이 파악하고 재확인할 필요가 있는 모임이었지만, 무도회 또한 '서로의 격을 체크'하는 행위로부터 도망칠 수 없었던 모양이다.

무도회는 만남의 장

만난 상대를 재빨리 값을 매기고, 이성으로서의 취향과 수입과 지위와 장래성을 저울에 올리고, 가능하면 자신도 사랑하고, 슬쩍 순박한 듯이 보이게 하면서, 가볍고 노출이 많으며 움직이기 편하고 요염한 드레스로 어필하고(제2장 참조), 때로는 의미심장한 언동으로 유혹한다. 이 장 처음에『윈더미어 경 부인의 부채』에 관해 다뤘던 것처럼, 무도회란 당신이나 당신의 딸에게는 사교계에서 남성을 손에 넣기 위한 '사냥터'이다. 또, 당시 양가의 젊은 미혼 여성이라면, 무도회에는 모친이나 친척 중년 여성, 그렇지 않으면 부친이나 형제 등 '감시역(샤프롱)'이 반드시 붙어 있었다.

감시역은 자신의 비호 대상인 젊은 여성을 감시하고 인도하기 위해, 무도실에서는 벽쪽의 의자에 앉아 파트너나 라이벌 소녀들에게도 눈을 빛내고 있었다.

남성은 감시역의 허가를 얻어 그녀를 데리고 나가 춤을 추고, 한 곡을 다 추고 나면 끽다실로 갈 것인지를 묻는다. 그녀가 희망한다면 에스코트해 데리고 가며, 아이스크림이나 차 등 원하는 것을 제공한다. 다음 곡이 들려오면 그는 감시역에게 그녀를 다시 데리

/// 타인의 눈을 피해 쉴 수 있을 것 같은 계단도 사람으로 가득하다. 『그래픽』 1876년.

고 간다. 이런 순서를 되풀이하는 것이다. 마치 창구에서 어떤 도구를 빌려 한 번씩 다 쓰고 나면 기름칠을 하고 원래 장소에 반납하는 것처럼 보일 정도다.

　남성들에게는 석식 때 사전에 의중에 둔 여성에게 신청하고, 그녀를 에스코트해 석식실로 가는 의무도 있었다. 팔짱을 끼고 석식

/// 남성이 여성을 에스코트해 석식을 먹으러 줄지어 이동한다. "저기 당신, 우리 아주머니를 데리고 와주시지 않겠습니까. 상반신은 빨갛고 하반신은 녹색, 파란색, 노란색, 머리카락에 오렌지색 극락조 깃털을 꽂고 있으니 분명히 알 수 있을 겁니다. 제가 부탁했다고 말씀해 주시겠습니까?"(삼가 거절함) 『펀치』 1890년 2월 22일.

실로 가서, 식사를 하며 천천히 환담을 나눌 수 있기 때문에 무도회의 석식은 오히려 댄스보다 더 농밀한 흥정의 시간이 됐을지도 모른다.

만약 신사가 숙녀를 석식실로 데리고 갔다면, 당연히 돌아올 때도 그녀를 무도실까지 안내해야만 합니다. 석식실에서 그녀가 지인과 합류했다 해서, 그가 이 의무에서 해방된 것은 아닙니다. 여성에게도 마찬가지 에티켓이 적용됩니다. 같이 무도실로 돌아가도 되는 것은 석식실로 에스코트받을 때와 같은 신사

<파트너가 행방불명> 댄스 예약을 했음에도 더 신경 쓰이는 상대가 있어서 온실에서 꿍냥꿍냥. 『일러스트레이티드 런던 뉴스』 1871년.

뿐입니다. 예외는 다음 댄스 파트너가 결정되어 있을 경우입니다. 만약 그 사람이 석식실까지 찾으러 왔다면, 그 사람과 함께 무도실로 돌아갑니다.

『상류 사교계의 매너와 룰』(1890)

어떤 남성과 석식실로 갔다가 다른 남성과 돌아와서는 안 된다. 간단히 상대를 바꾸는 경박한 여자로 간주되어버릴지도 모르고, 어쩌면 타인의 눈이 닿지 않는 사이에 당시 젊은 여성으로서의 재산이 상처를 입었을 가능성을 의심받을지도 모른다——빅토리아 시대의 신분이 있는 여성이라면, 결혼하기 전까지는 순결을 지키는 것이 당연한 일이었다. 여성은 항상 누군가의 보호를 받아야 하며, 감시의 눈을 피하는 일이 있어서는 안 된다. 딸인 동안에는 양친이나 후견인, 결혼한 후에는 남편의 관리하에서 나가서는 안 되며, 그의 지도에는 언제든 순종해야 한다. 여성에게 제시되는 에티켓에는 아주 사소한 것에도 이러한 시대의 가치관이 녹아들어 있다.

‘벽의 꽃’의 심리

새장 속의 새와 다름없는 상태를 견디고 있었던 것도 그 외에는 길이 없다고 생각되었기 때문이다. 제시된 길이 하나뿐이라면 거기 매달릴 수밖에 없다. 19세기 처음으로 무도회에 참가하는 ‘데뷔턴트’ 입장인 여성들의 회상록에는 ‘벽의 꽃’——아무도 댄스를 신청하지 않고, 다른 사람들이 춤추는 모습을 부러운 듯이 바라볼 뿐인 상태——이 되는 것을 극도로 두려워하는 심리가 묘사되어 있다. 아름답지 않다, 재산이 없다, 말주변이 없다, 감시역도 내성적이라 역부족이었다 등, ‘남편감 사냥’에 불리한 점을 떠안은 여성이 남성의 청을 받지 못해 부끄러운 기분이 들어도, 무도회의 ‘벽의 꽃’에게는 자진해서 나설 수단이 거의 없었다.

<촌스러운 교외의 연대기> 상대가 없는 '벽의 꽃'들. 집안의 영애가 자신이 아니라 그
녀들을 연결해주고 싶어서 "카드가 가득 차 있나요?"라고 물었는데, "예, 비어 있습니
다. 어느 곡을 (당신과) 춰드릴까요?"라고 착각한다. 『펀치』 1890년 2월 15일.

유머러스한 문체의 매너 책을 계속해서 발매해 인기를 모은 저
널리스트 험프리 부인은 '벽의 꽃'의 공포보다도 남녀의 사람 숫자
가 균형이 맞지 않음에 주목했고, 다음과 같이 말했다.

애초에 남녀의 숫자가 맞지 않다니, 이 얼마나 비극인가요!
춤을 추고 싶어 견딜 수 없는 여자아이들, 왈츠를 들으면 발이
근질근질해 리듬을 타고 자기도 모르게 몸이 움직여버리는 아
가씨들도, 한 곡, 또 한 곡 음악이 끝나가는 걸 최대한의 인내

심을 발휘하면서 그저 앉아서 기다릴 수밖에 없는 것입니다. 여자끼리 춤추는 건 허용되지 않습니다. 왜냐면, 항상, 그리고 굉장히 불공평하지만, 상대에게 댄스를 청할 수 있는 건 거기 있는 신사뿐이기 때문입니다.

험프리 부인『여성의 매너』(1897)

　그녀의 말대로, 무도회 회장에서 남성의 숫자가 만성적으로 부족했다는 건 아무래도 사실인 모양이다. 애초에 인구 전체로 눈을 돌려 봐도, 여성 숫자가 남성을 크게 상회했다. 독신 남성이 부인을 부양할 수 있을 정도의 수입을 얻을 때까지는 결혼을 미루고 있었던 것과, 단신으로 해외 이민을 간 영향도 있어 상·중류 계급에 '남은 여성'이 '결혼도 못하고 계급의식이 방해가 되어 돈을 버는 일도 하지 못해 생활이 곤란해지고 만다'는 상황은 이 시대의 사회문제였다.

　무도회 얘기로 돌아가자.『상류 사교계의 매너와 룰』(1890)에는 누군가가 개최한 무도회에 초대받은 당신이 같이 데려가고 싶은 누군가를 위해 추가 초대장을 원할 경우의 대처법이 게재되어 있다. 그게 친척의 딸이나 젊은 지인 여성일 경우 의뢰하는 당신 쪽이 사교계에서 더 상위이고, 더 멋진 무도회를 열 수 있는 사람이라면, 부탁하는 편지만 보내면 상대에게도 다음번의 메리트가 있기 때문에 흔쾌히 허락해줄 것이다. 하지만 반대로 이쪽이 더 낮은 입장이라면 거절당하는 경우가 더 많을 것이다. 상류의 한정된

<정중한 반격> 벽의 꽃인 마틸다 : "미처 알아채지 못하셨겠지만, 여기 앉아서 보고 있으면 춤추는 사람이 굉장히 바보처럼 보이네요." 모드 : "그렇지는 않으리라 생각하지만, 거기서 본 적이 없어서 모르겠네요." 『펀치』 1873년 3월 15일.

멤버만으로 모임을 유지하고 싶은 상대는 '초대 리스트가 가득 차서', '벌써 몇 명이나 거절했거든요' 등, 뻔히 보이는 변명을 적어 거절하는 편지를 보낼 것이다.

그런데 남자친구를 한두 명 데리고 가고 싶다고 묻는다면, 얘기는 완전히 달라진다. '남성 손님은 언제든지 중요한 전력이므로', 대게 흔쾌히 답을 받았다고 한다. 남성의 추가는 환영, 라이벌이 될 여성은 가능하면 늘리고 싶지 않다. 어머니와 딸들의 싸움은 상당히 쉽지 않았다.

무도회의 신사들—남자도 괴롭다?

남성용 에티켓 북의 무도회 항목을 보면, 어떤 책이든 대게 '남성 출석자는 주최자 부인의 딸과는 반드시 한 번 춤 출 것', '최근 대접을 받은 집안의 딸과도 춤 출 것' 등이 적혀 있다. 무도회에 참가하는 남성에게 친분이 있는 집안의 젊은 딸과 춤추는 것은 '의무'이며, 환대를 받은 것에 대한 '감사의 표시'였던 모양이다. 옛날에는 당연한 매너였을 터인 '의무'가, 빅토리아 시대 말기가 되면 판에 박은 듯이 '게으른 남성이 늘었다'라는 쓴소리와 세트로 말해지게 되었다. 전술한 험프리 부인도 '무도실에서의 에티켓을 익히는 것은 어렵지 않습니다. 다만 사교계에 들어가는 젊은 남성들의 대부분이 묵과할 수 없는 잘못을 범하고 있습니다'라고 단죄했다. '가장 귀여운 여자아이가 자신의 눈앞에서 스스로를 선전하지 않는 한, 춤추려고 하지 않습니다'(『남성의 매너』 1897).

에티켓에 관한 연구서 『예의작법과 지위』(1987)의 저자 마이클 커틴은 애초에 중류 계급의 남성 중에서는 댄스 그 자체를 싫어하는 남성이 많았던 것은 아닌가 기술하고 있다. '사교계에서 댄스는 일반적으로 여성적인 기술이었고, 중류 계급 집단에서는 그 경향이 더욱 강했다'고 한다.

상류나 중류 여성들은 '레이디의 소양' 중 하나로 소녀 시절부터 댄스를 배운다. 귀족이나 상류 계급 남성이라면 레이디들과 마찬가지로 태어나면서부터 자연스럽게 사교계에 소속되고, 성장 과정 어딘가에서 댄스도 배웠을지 모른다. 하지만 중류 계급의 남성

// '춤을 출 수 있는 젊은 남성'을 한두 명 데리고 와 달라고 부탁을 받았으므로. "이건 시작일 뿐이에요. 이 뒤로도 더 올 거예요." 『펀치』 1880년 7월 17일.

은 일로 성공해 '신사가 되었다'고 한다면, 교육 배경이 다를 가능성이 있다. 이러한 남성은 '여자들 세계'의 필수 과목인 댄스를 어른이 된 후 배우기에는 적극적이 될 수 없었던 모양이다.

빅토리아 시대의 무도회란 여성이 주최하고, 여성이 주역이며, 여성의 아름다움과 행동을 피로하는 것이 목적인 공간이다. 참정권도 없고, 재산의 보유도 제한되어 사회적인 권리가 남성보다 대폭 억제되어 있던 그녀들은, 결혼에 따라 자신의 인생이 크게 좌우된다는 것을 잘 이해하고 있었다. 여성은 무도회라는 '사냥터'에서, 그저 자신의 매력을 빛냄으로서 남편 후보의 눈에 머물고, 선택받기만을 바랐다.

석식실로 직행하지 않고, 새어나오는 왈츠를 즐기는 남성들. "이쪽이 음악은 더 잘 들리네. 아, 차가운 커틀릿 부탁해. 그리고 샐러드도. 고마워." 『펀치』 1892년 3월 12일.

후계자 아들 : "우리 중에 몇 명이 가? 여자아이를 넣으면 6명인데, 셀 수 없는 사람도 있네. 그럼 나 혼자!" 재산 상속, 교육, 직업, 정치 등 대부분의 장면에서 남성이 우선이거나, 독점 상태였다. 당시의 사고방식을 어린 소년도 이미 익혔다. 『펀치』 1853년.

인형의 집에서 무도회. "불쌍하네. 모처럼 응접실을 비워 무도회 준비를 했는데 파트너가 전혀 오질 않아." 인형의 집은 장래의 가정생활에 있어 '여성의 역할'을 배울 수 있는 놀이도구이기도 했는데, 이런 건 반영하지 않아도 됐을 것을. 『펀치』1872년 2월 24일.

여성들에게 무도실이 '사냥터'라면, 남편 후보로서 유능한 젊은 남성들은 희귀한 '사냥감'으로 간주되었다. 여자를 좋아하는 방탕한 사람이나 댄스 자체를 사랑하는 사람, 상승 욕구가 강한 남성이라면 그런 뜨거운 시선을 모으는 것도 기뻐했을 것이다. 하지만 매너에도 댄스에도 자신이 없고, 가능한 한 최소한의 '의무'만으로 넘어가고 싶어 하는 중류 계급 남성이나, 사방팔방에서 딸을 넘기려고 안달인 귀족 남성은 이 공간이 싫어서 도망치고 싶어졌을지도 모른다.

화려한 무도회, 기품 있는 태도의 그늘에는 수요와 공급의 균형이 맞지 않는 바람이 소용돌이치고 있었던 모양이다. 에티켓이란

// <여성 고등 교육의 두려운 결과> 만약 여성에게 대학의 문호가 개방되고 교육 기회가 넓어진다면, 젊은이보다 지적인 노신사를 선호하게 되어 무도회라는 '선' 시스템은 파멸한다… 라는 남성 사회의 두려움. 『펀치』1874년 1월 24일.

도대체 뭘 위해 있었던 걸까, 커뮤니케이션을 부드럽게 하기 위한 것이 아닌가. 왠지 모르게 공허한 기분도 피어난다. 이러한 의문이 널리 퍼지고 19세기 후반에 당도하면서, 다른 삶을 추구하는 여성도 늘어갔다.

19세기가 끝나고 여왕폐하가 세상을 떠나자 상복이 온 나라를 뒤덮었고, 드디어 에티켓 세계에도 변화가 찾아오게 된다.

감시역(샤프롱)과 영애

빅토리아 시대의 미혼 젊은 여성은 외출할 때 감시역(샤프롱)이라 불리는 동행인과 함께할 필요가 있었다. 사교계에서 평판이 위험해질 일이 없도록 보호하고, 해당 사람이 유혹에 빠져 길을 잘못 들지 않도록 감시하는 존재이다.

1879년의 『상류 사교계의 매너와 관습』에는 '젊은 여성 중에는 전통을 어기고 혼자서 다니는 사람도 있습니다만, 그건 도저히 좋은 취향이라 할 수 없습니다'라고 적혀 있는데, 그 기술은 1880년대 이후 판에는 삭제되어 있다. 그리고 1890년 판에는 '감시역과 갓 데뷔한 영애(데뷔턴트)'의 항목이 독립되어 있다. 그에 따르면 '젊은 여성은 유동 인구가 많은 공원이나 산책로에서는 친척, 친구 또는 가정교사와 동행할 필요가 있다.' 하지만 '교외의 주택가나 해변 등에서, 자택과 매우 가까운 친구의 집을 방문하거나, 레슨을 받거나, 쇼핑을 위해서는' 혼자서 외출해도 상관없었다. 또, 예를 들어 '가든파티, 론 테니스 파티, 아처리 파티 등'의 실외에서 개최되는 모임에는 동행 없이 가도록 되어 있다. 세기말에 가까워지면서, 활동적인 사교 모임이 늘어나고 그러한 새로운 실외 오락에는 감시역은 필수가 아니었음을 엿볼 수 있다.

감시역이 있다는 것은 양가의 영애라는 증거였으며, 아마도 실제로 보디가드 역할 이상으로 대상 여성이 이처럼 '보호·감시'받는 숙녀의 신분임을 주위에 드러내는 효과가 있었을 것이다. 친척에게 부탁하든, 가정교사나 메이드와 함께 다니든, 어디서든 또 한 명의 보호자가 따라다니는 상태는 그만큼 쓸데없는 비용이 든다. 귀족이나 부호의 영애들에게는 그럴 여유가 있었지만, 절약하고 싶은 중류 계급에서는 샤프롱 제도를 서서히 포기하게 되었다. 결국 동년대의 미혼 여성 친구들과 외출하거나, 어린 남동생이나 여동생을 데리고 있으면 괜찮다고 여겨지게 되었다. 이렇게 되면 이미 '혼자가 아니다'라는 것을 보이기 위한 단순한 장식에 불과한 것 아닌가 싶은 기분도 든다.

미국의 예의작법서에 실린 신사를 위한 승마와 마차 에티켓. 설령 도발을 당해도 기술을 겨뤄서는 안 된다(왼쪽 위). 승마 길에서는 레이디의 안전에 신경을 쓸 것(오른쪽 위). 마차에 탈 때는 남성이 밖에 서서, 손을 잡아 여성이 먼저 타도록 도와주는 것이 정답(왼쪽 아래). 자신이 먼저 타서 끌어올리는 것은 매너 위반(오른쪽 아래). 『개스켈 교수의 예의의 개요』 1882년.

마차를 타고 하는 외출

마차를 탈 때, 여성은 남성의 손을 빌려 먼저 올라탄다. 올라탔으면 여성이나 윗사람이 진행 방향으로 얼굴을 향하고 자리에 앉으며, 남성이나 계급이 낮은 일행은 그 반대 자리에 앉는다. 내릴 때는 계급이 낮은 사람이 먼저 내려 도와준다. 경우에 따라서는 길가로 내리기 쉬운 자리에 여성을 앉힌다. 현대의 비즈니스 매너에서 택시 등을 탈 때의 에티켓과 기본은 거의 동일하다. 차이가 있다면 '남성은 여성의 드레스 자락이 진흙이 묻은 바퀴에 닿지 않도록 지켜줄 것'(『남성의 매너』 1897) 정도가 다르다.

당시의 스커트는 지면에 닿을 정도로 길었고, 마차의 바퀴도 컸으며, 살아있고 제멋대로에 물건을 떨어뜨리는 말이 동력이었다, 라고 일상을 상상케 하는 내용도 있다.

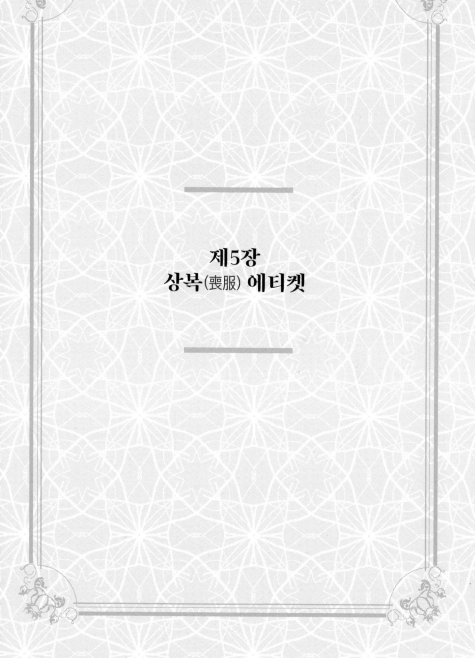

제5장
상복(喪服) 에티켓

빅토리아 여왕과 '상(喪) 문화'

　　하나 더 말해두겠습니다. 당신들은 절대로 색이 있는 옷을 입고 결혼식에 출석해서는 안 됩니다. 회색과 은색이나, 라일락과 은색 또는 회색이나, 라일락과 금색 조합이 좋으며, 어느 쪽이든 금색과 흰색만을 조합해서는 안 됩니다(회색, 라일락은 반상복에 쓰이는 색). 당신들의 딸이 잉글랜드에서 탈상하고 공식적인 자리에 나서는 첫 기회이므로, 내년 (1863년) 색이 들어간 옷을 입는 건 그만두세요. 나는 그렇게 해야 한다고 생각합니다.

　　빅토리아 여왕이 딸에게 보낸 편지(1862)

　　결혼식 때 흰 웨딩드레스를 입는 관습은 19세기에 시작되었으며, 빅토리아 여왕의 드레스가 계기가 되어 전세계로 퍼졌다고 한다. 그럼 죽은 자를 추모하며 검은 옷을 입는 관습 쪽은 어떨까? 사실 검은 상복은 흰색 웨딩드레스보다 훨씬 역사가 길다. 복장 역사 연구가인 필리스 커닝튼에 의하면, 최소한 14세기에는 고귀한 사람의 장례식에 참석한 사람들이 검은 옷을 입었다는 기록이 있다고 한다.

　　그렇다고는 해도 '축복의 흰색'만이 아니라 '슬픔의 검은색' 쪽에도 역시 여왕의 영향이 작용하고 있었다. 빅토리아는 원래 가족이나 친척을 잃었을 때 검은 옷을 입고 고인을 그리워하는 액세서리(모닝 주얼리라 부른다)를 착용했는데, 1861년 가장 사랑하던 남편 알버트를 병으로 잃은 후에는 그 후 40년간을, 정도의 차이는 있더

엄격한 표정으로 잘 알려진 빅토리아 여왕의 희귀한 웃는 사진. 역시 드레스는 상복 그대로다. 딸인 베아트리스(뒤), 손녀딸인 빅토리아(오른쪽)와 그 딸 앨리스와 함께. 1886년.

라도 계속 상복을 입고 지냈다. 이 장 처음의 인용구를 봐도 알 수 있듯이, 그녀는 가족이나 주변 사람들에게도 자신이 사랑한 남편을 그리워하고 계속 경의를 품을 것을 바랐으며, 그 표명으로 상복

/// (위)빅토리아 여왕의 과부 복장. 아마도 남편 알버트를 잃고 얼마 지나지 않은 시기의 묘사이다. 『걸즈 오운 페이퍼』 1887년.
/// (왼쪽)노년의 빅토리아 여왕. 과부의 모자를 쓰고 검은 레이스를 단 상복과 아주 약간의 흰색과 진주로 된 액세서리.

을 착용하도록 명했다. 추도를 위해 보석점에 이니셜이나 초상이 들어간 액세서리를 만들게 했으며, 뭔가에 달아 다른 사람에게 보내는 것도 관습으로 삼고 있었다. 여왕과 왕궁의 의향에 국민들도 열심히 따랐고, 특히 1870년대부터 80년대에 '상 문화'는 최고조에

// 과부와 딸을 그린 감상적인 이미지.「걸즈 오운 페이퍼」1880년 9월 4일.

달했다.

하지만 국민의 모범이 되어야 할 여왕이 계속해서 검은색 옷만 입었고, 공적인 생활을 '자숙'하는 분위기여서는 각 방면의 산업계도 정체되고 만다. 패션 업계나 세간의 요망이 있었던 것인지, 여왕은 1887년 즉위 50주년 기념식전(골든 주빌리)을 기점으로 가장 짙은색인 정식 상복(딥 모닝이라 부른다)에서 다소 흰 장식이나 빛나는 액세서리를 더한 '반상복'으로 바꿨다고 한다.

// 검은 구슬(제트)로 보이는 목걸이를 한 여성. 상복과 어울리는 주얼리로 유행했으며, 평상복에도 착용했다. 1870년경.

문상 기간과 과부의 복장

남녀노소 가릴 것 없이, 누군가를 잃으면 검은색을 몸에 둘러야 한다는 점에서는 평등하다고 할 수 있지만, 상복의 종류나 그걸 입어야 할 기간은 고인과의 관계에 따라 변화했다. 『상류 사교계의 매너와 관습』(1879)을 예로 들자면, 남편을 잃은 여성은 2년, 아이를 잃은 부모와 부모를 잃은 자식들은 그 사람의 감정에 따라 다르지만 6개월에서 18개월, 조부모는 9개월, 형제자매는 6개월, 삼촌

· 숙모와 조카 관계는 3개월, 사촌은 6주, 육촌이나 먼 친척일 경우는 3주로 되어 있었다. 또, 기혼 여성은 남편의 친족에 대해서도 자신의 가족과 완전히 동일한 기간 동안 상복을 입어야 했다.

이런 기간 중 최초의 1/3 정도는 일체의 사교 활동을 그만두고 자숙 기간을 가져야만 했다. 또, 이 에티켓 북은 거의 매년 타이틀을 바꿔가면서 세간에 맞도록 개정을 거듭하고 있었는데, 나중에 나온 판을 보면 이러한 기간도 미묘하게 변해가게 된다. 시대가 지남에 따라 너무 길었던 추도 기간은 단축되는 경향에 있었으며, 단계에 따라 다양한 종류의 상복을 나누어 착용하는 관습은 사라지게 되었음을 알 수 있다.

하지만 어느 시기라 해도, 가장 긴 기간 동안 상복을 입을 것이 요구되는 것은 남편을 잃은 과부였다. 길어지는 것은 매너 위반이라 하지 않았던 모양이라, 여왕만큼은 아니라 해도 그 사람의 감정에 따라 원하는 만큼 그 기간을 늘릴 수도 있었다.

남편을 잃은 여성이 첫 단계에서 몸에 두르는 의상 세트는 '과부의 상복(위도우즈 위즈)'이라 불렸다. 당시의 상식에서 살아 있는 사람이라면 누구나 저 여성은 과부라고 알아볼 수 있는 특징을 지닌 복장이다. 실루엣이나 세부적인 부분은 유행의 변화를 받아들이긴 했지만, 위즈의 대략적인 구성은 이전 시대와 다름없이 수도녀

///(오른쪽)'제이의 런던 종합 상복 창고'의 광고. 일반적인 상복만이 아니라, 모자, 파라솔, 장갑, 행커치프, 검은 외국제 레이스가 달린 호화로운 이브닝드레스나 티 가운 등도 갖추고 있었다.

MOURNING. In reply to many inquiries we recommend the MAISON JAY'S, REGENT STREET, LONDON

길고 흰 커프스 '위퍼즈', 하얀 '위도우즈 캡'의 '과부의 상복(위도우즈 위즈).' '피터 로빈슨'의 광고. 1887년.

를 연상시키는 전시대적인 형태를 유지하고 있었다.

레이디 콜린 캠블의 『상류 사교계의 에티켓』(1893)에 의하면, 과부 전용의 상복은 '크레이프로 만든 드레스', '긴 검은 실크 외투', '크레이프로 만든 보닛, 베일, 장식이 없는 모슬린 소매', '위퍼즈(우는 사람이라는 의미)라 불리는 긴 소맷부리(커프스)', 그리고 '과부의 모자(위도우즈 캡)'이다. 크레이프란 광택이 없는 비단 견직물을 말하며, 검은 크레이프는 거의 상복이나 상장(喪章) 용도로만 쓰였기에 죽은 자를 추도하는 이미지와 강하게 연결된다.

『상류 사교계의 매너와 룰』에 의하면, 이 검은 크레이프 천은 날짜가 지나고 상의 단계가 진행되어 일상에 가까워짐에 따라 사용하는 면적이 줄어들었다고 한다.

과부의 상 기간은 2년이 표준입니다. 이 중에 1년 9개월 동안은 크레이프를 몸에 두릅니다. 최초 12개월 동안의 드레스는 완전히 크레이프로 덮어야 합니다. 다음 9개월은 장식에 크레이프를 사용하지만, 그중 6개월 동안은 잔뜩, 이어서 3개월은 명백하게 적게 사용합니다. 마지막 3개월 동안에는 크레이프 천을 사용하지 않고, 검은 옷을 입습니다. 2년이 지나면 그 다음 2개월의 반상복 기간이 정해져 있지만, 이 시기에는 반상복을 준비하지 않고 이전 단계의 크레이프가 없는 검은 옷을 입는 사람도 많아졌습니다.

『상류 사교계의 매너와 룰』(1890)

여성은 남편이 죽으면 그 상이 끝날 때까지, 다른 남성과 결혼하는 것은 도덕적으로 용납되지 않았다. 설령 추도 기간을 확실하게 지켰다 해도, 상이 끝난 그날에 재혼하거나 하면 '스캔들'의 표적이 될 수밖에 없었다.

관습적인 상 기간은 남녀가 모두 같을 터인데도, 남성은 여성보다 '훨씬 빨리 사교계로 복귀하는' 경향이 있었으며, 그렇게 하는 것이 당연하다는 듯이 용납되었다.

즉, 부인을 잃은 남편은 몇 주 정도 상복을 입었다면 원하는 때에 그만두고 재혼할 수 있었고, 아이가 있다면 더욱 쉽게 허용되는 분위기도 있었다.

여성이란, 부인이란, 애정이 깊고, 조심성이 많으며, 유행에 뒤

마찬가지로 '피터 로빈슨'의 광고. 모자와 커프스는 사라졌으며, 소매와 옷깃에 다소의 레이스를 확인할 수 있다. 1882년.

떨어진 고풍스러운 옷을 입고, 그저 남편만을 마음에 담아두는 존재라는 생각—아니면 그랬으면 좋겠다는 세간의 기대—즉, 그 시대의 이상적인 여성상이 검은 옷에 관한 에티켓에 투영되었던 것이라 할 수 있겠다.

상복과 패션

검정! 검정! 검정!
새뮤얼 오즈몬드 사, 염색점
아이비 레인 8번

뉴게이트 스트리트, 런던

상복을 검게 물들이는 전문업자. 매주 수요일에 접수를 받으며, 원하시면 단 며칠 안에 완성합니다. 색이 있는 옷이나 파문직(무아르)의 낡은 드레스를 신상품처럼 되살려드립니다. (중략) 숄, 드레스, 외투, 다양한 물건을 손질하고, 색을 보존해드립니다. 주기—천가게, 모자가게의 더러워진 재고품도 검게 물들입니다.

위의 광고는 유명한 그림이 들어간 신문 『일러스트레이티드 런던 뉴스』에 실린 것이다. 가지고 있는 옷이나 천을 '검정!'으로 물들이는 비즈니스를 이렇게 전면에 내세워 선전할 만큼의 효과가 있었다는 뜻이다. 19세기 중반부터 후반에 걸쳐 검은 옷을 입은 여왕 아래 상복 산업은 성황리에 번창했다.

당시의 백화점 '피터 로빈슨'과 상복과 장의용품 전문점 '제이의 런던 종합 상복 창고'는 런던의 번화가인 리젠트 스트리트에 커다란 점포를 구비했다. 참고로 전자의 상복 전문 부서는 '블랙 피터 로빈슨'이라는 이명으로 알려져 있었다고 한다. 이 2개 사는 삽화가 들어간 신문·잡지의 지면을 크게 점유했고, 아름다운 과부를 그린 일러스트 광고를 자주 실었다. 상복에 어울릴 만한 검은 파라솔, 행커치프, 검은 구슬(제트) 액세서리 등 폭넓은 장식품도 만들었다.

남편이 먼저 죽은 여성이 검은 옷을 입었을 때, 그녀는 속세에서

// 빅토리아 여왕 즉위 50주년 해에 소녀 잡지에 게재된 '새로운 상복.' 유행을 적당히 받아들인 실루엣. 검은색이지만 장식이 달린 모자와 보닛. 「걸즈 오운 페이퍼」1887년 9월 24일.

몸을 빼 이미 세상에 없는 단 한 명의 남성을 생각하며 세월을 보내는 것으로 인식되었다. 그녀는 말하자면, 사교계에서 일시적으로 추방되어 '근신생활'을 하게 되는 것이다. 에티켓 북에는 상복을 입고 화려한 무도회에 나가거나 하는 것은 그 자리에 어울리지 않는 행위라고 적혀 있다. 위문 카드는 받지만, '방문' 의식은 친한 친척이나 지인으로 한정되었다.

그런데, 센티멘털하고 아름다운 광고 일러스트 몇 점을 지켜보면 색이 다를 뿐 평소보다 훨씬 화려하게 몸을 장식하고 즐기는 건 아닌가 하는 생각이 든다. '과부업'이란 어머니로서, 부인으로서,

'여주인'의 틀과 의무에서 해방되어, 자신의 마음이 만족할 만한 아름다움을 추구할 수 있는 기회였던 건지도 모른다.

'사교계'에서 출세를 바라고, 암호 같은 에티켓을 연구하며, 사람과 관계를 맺고, 파티를 되풀이하고, 다음 세대에 좋은 결혼 상대를 찾아주고, 남편을 떠나보내고, 계속해서 노력해온 당신 자신이 최후에 도달할 인생의 골이란? 아름다운 상복을 입은 아름다운 '미망인'? 과연 정말 그럴까? 그거면 되는 걸까? 누가 그걸 판단할 수 있을까?

블랙 애스컷

상복의 여왕 빅토리아는 1901년 세상을 떠나고, 아들인 알버트 에드워드는 에드워드 7세로 59세의 나이에 즉위했다. 그는 엄숙한 표정의 모친보다는 향락적·사교적인 성격으로 알려졌으며, 경마나 도박이나 수렵 파티, 기혼 미녀와의 밀회를 즐겼다. 1910년, 에드워드 7세의 재위는 거의 9년 만에 끝난다. 그 해 초여름, 애스컷 경마장에서는 예년처럼 레이스가 열렸고, 상류 계급 사람들이 곱게 치장하고 모여들었다.

이제 막 세상을 떠난 에드워드 7세에게 조의를 표하기 위해, 여성들은 경마 관전에 어울리는 형태의 검은색 드레스 위에 커다란 검은 깃털 모자와 검은 상의를 입고 모습을 나타냈다. 남성은 탑햇에 검은 플록코트나 모닝코트를 입었다. 예년 같았다면 여성은

// 1910년 애스컷 경마장의 패션. 여성은 발목으로 갈수록 좁아지는 최신 유행 호블 스커트 위에 에드워드 7세를 추도하는 검은 튜닉을 겹쳐 입었다. 남성도 모닝 코트, 모자, 타이, 장갑을 검은색으로 맞췄다.

밝고 경쾌한 색의 드레스, 남성은 회색 모닝이 올바를 터였다.

1910년 '블랙 애스컷' 사진은 움직여 가는 사회의 한 순간을 잘라내 담은 듯, 수많은 의미를 파악할 수 있다. 한껏 치장한 상류 사람들이 경마는 거들떠보지도 않고 모여 교류하는 계급 사회라는 구조. 그 당시 최신의 고급 드레스와 모자를 보여주는 듯한 복장코드. 하지만 그걸 깨트리고 위부터 검은색을 입게 하는, 왕실 추도의 '사회적 압력'이 있었으며, 그럼에도 사교계의 이벤트는 아무 상관없다는 얼굴로 지속하는 '시대의 분위기'가 있었다. 애스컷 경마장에서 사람들의 모임은 현재도 계속되고 있다. 사교계와 계급은 두 번의 큰 전쟁과 사회 변화를 경험하고, 유동적으로 움직이면서도 아직도 살아남아 있다.

🌿 에티켓은 어디로 가는가

에티켓이란 세상 사람들에게 요구되는 이상적인 모습이 형태를 취한 것이다. 그리고 올바른 행동이란 어떤 것인가를 가르쳐주는 에티켓 북이라는 '교본'은 19세기 이후의 영국에서는 남성보다도 여성에 맞춰 만들어졌고, 폭넓게 읽혀왔다. 여성들은 시시각각 변화하는 이상적인 모습에 대개는 따르고, 때로는 저항하며 살아왔다. 룰을 지키는 척하면서 허용되는 범위 내에서 즐기거나, 룰을 깨트리는 사람이 있으면 눈살을 찌푸리며 쫓아내거나, 반성의 기색이 보인다면 다시금 맞아들이는 등, 사람에 따라서는 룰을 완전히 무시하고, 사교 세계와 거리를 두고 살아갔다.

에티켓은 시류에 따라 변한다. 에티켓 북에 게재된 내용은 시기에 따라 변화해간다. 시대에 맞지 않게 된 것은 삭제되고, 여성 생활의 장이 넓어지면 장이 추가되며, 거기에 또다시 새로운 규범이 생겨난다. 옛날의 사교는 서로의 집을 방문하며 차나 식사, 음악

등으로 대접하는 것이었다.

1880년대 이후, 활동 장소가 밖으로 넓어지면서, '가든파티'나 '사이클링', '여행 중의 매너', '철도에서', '승합 마차에서', '호텔에서' 등 '외부에서의 행동'에 관한 항목도 늘어났다. 에티켓 북의 목차에서 '하류 사회 계층에서 상류 사교계로 들어갔을 때, 제대로 교육받지 못한 것으로 여겨지지 않기 위한' 에티켓 비율이 낮아지고, '다른 사회에 속한 사람들과 마주치는 공공 공간에서 서로를 배려하고, 폐를 끼치지 않는 타협점을 찾기' 위한 매너가 등장하는 흐름을 읽을 수 있다.

나라도 시대도 다른 세계에 살아가는 우리는 24시간 내내 상복을 입고 생활할 것을 요구받지도 않으며, 거의 만나본 적도 없는 남편의 대숙모가 돌아가셨다고 해서 일정 기간 동안 타인과 교류를 끊어야 하는 압력이 가해지는 일도 없다.

하지만 형태가 달라진 동종의 '에티켓'에 대해서는 누구나 생각나는 것이 있을 것이다. 사회가 바라는 규범과 어떻게 마주해야 할 것인가. 당신은 이런 '사교계'에 정말로 들어가고 싶은가. 그건 정말 좋은 일일까. 빅토리아 시대의 에티켓 북의 내용은 우리들 안에도 있는 현대인으로서의 도덕과 이상적인 이미지를 자극하는 무언가가 있다.

(오른쪽)애스컷 경마장에서 호화로운 흰 레이스와 파라솔로 장식한 유명 연예 홀 가수인 마리 로이드 양. 연대 불명이나, 아마도 에드워드 7세 시대(1901~1910)의 것.

'에티켓'은 너무 어렵습니다.

'분위기 파악'이 너무나도 힘듭니다.

그런 저이지만, 가끔 때때로 영국 빅토리아 시대를 무대로 한 작품 제작에 참가하면서 당시의 매너, 에티켓, 사람 사이의 거리감과 행동하는 법의 '법칙'을 조사하는 일을 할 때가 있습니다. 그리고 알아낸 정보를 한 권의 책으로 정리해두면 언젠가 레퍼런스 북처럼 쓸 수 있겠구나 하고, 그런 (김칫국부터 마시는) 계획하에, 이 책의 기획을 세웠습니다.

『사교계 가이드』라는 타이틀은 편집부에서 붙여주신 것입니다. 이 제목만 보고 화려한 상류 사회의 모든 것을 아는, 귀족과 연관이 있는 그런 '하이 소사이어티'의 인간이 쓴 책…을 상상하고 바라신 분이 계시다면, 기대를 배신해 정말 면목이 없습니다. 저 자신은 왕후 귀족이나 사교계와는 전혀 관련이 없으며, 오히려 현실 세계에서는 계급 사회에 의문을 품고 있는 쪽입니다.

에티켓은 어렵습니다.

어째서 그렇게 어려운지, 이 책을 대하면서 조금은 알 것 같습니다. 사람과 사귀는 데는 암묵적인 룰이 있다는 것. 그 하나하나의 룰을 결정한 것은 과연 누구인지 잘 알 수 없다는 것. 룰이 혼자서

멋대로 움직이며 양식화되는 것. 객관적으로 볼 수만 있다면 재미있는 현상입니다만, 뭐랄까 이런 사회의 룰을 이해하지 못하고, '분위기 파악 못하고', 부끄러운 경험을 했던 과거의 일들이 이것저것 떠오르면서 집필에 평소보다 훨씬 많은 시간이 걸리고 말았습니다. 관계자 여러분께는 폐를 끼쳤습니다.

매너는 중요해, 배려야. 인생을 풍요롭게 해줘, 이렇게 생각하는 분께도, 저처럼 에티켓 전반이 어려운 분께도 이 책이 뭔가를 생각할 계기가 된다면 기쁘겠습니다.

무라카미 리코

참고문헌

저자	저서명	출판사	출판년
아라이 메구미(新井潤美)	계급에 사로잡힌 사람들 (階級にとりつかれた人びと)	주오코론신샤(中央公論新社)	2001
이와타 요리코(岩田託子), 가와바타 아리코(川端有子)	도설 영국 레이디의 세계 (図説 英国レディの世界)	가와데쇼보신샤(河出書房新社)	2011
오귀스트 에스코피에 지음, 오오키 요시스케(大木吉甫) 옮김	에스코피에 자서전(エスコフィエ自伝)	주오코론신샤(中央公論新社)	2005
오스카 와일드 지음, 니시무라 고지(西村孝次) 옮김	살로메 윈더미어 경 부인의 부채 (サロメ·ウィンダミア卿夫人の扇)	신쵸샤(新潮社)	1953
고이케 시게토(小池滋) 엮음	빅토리안 펀치(ヴィクトリアン·パンチ)	가시와쇼보(柏書房)	1995 ~1996
제니퍼 데이비 지음, 시라이 요시아키(白井義昭) 옮김	영국 빅토리아 왕조의 키친 (英国ヴィクトリア朝のキッチン)	사이류샤(彩流社)	1998
션 에반스 지음, 무라카미 리코(村上リコ) 옮김	도설 메이드와 집사의 문화지 (図説 メイドと執事の文化誌)	하라쇼보(原書房)	2012
나카노 가오리(中野香織)	수트의 신화(スーツの神話)	분게이슌주(文藝春秋)	2000
하루야마 유키오(春山行夫)	화장과 생활문화사의 책(化粧と生活文化史の本)	시세이도(資生堂)	1987
하루야마 유키오(春山行夫)	에티켓의 문화사(エチケットの文化史)	헤이본샤(平凡社)	1988
블랑시 페인 지음, 고가 게이코(古賀敬子) 옮김	패션의 역사(ファッションの歴史)	야사카쇼보(八坂書房)	2006
마츠무라 마사이에(松村昌家), 가와모토 시즈코(川本静子), 나가시마 신이치(長嶋 伸一), 무라오카 겐지(村岡健次) 엮음	영국 문화의 세기3 여왕 폐하의 시대 (英国文化の世紀3 女王陛下の時代)	겐큐샤출판(研究社出版)	1996
마츠무라 마사이에(松村昌家), 가와모토 시즈코(川本静子), 나가시마 신이치(長嶋 伸一), 무라오카 겐지(村岡健次) 엮음	영국 문화의 세기5 세계 속의 영국 (英国文化の世紀5 世界の中の英国)	겐큐샤출판(研究社出版)	
무라카미 리코(村上リコ)	도설 영국 메이드의 일상(図説 英国メイドの日常)	가와데쇼보신샤(河出書房新社)	2011
무라카미 리코(村上リコ)	도설 영국 집사(図説 英国執事)	가와데쇼보신샤(河出書房新社)	2012
무라카미 리코(村上リコ)	도설 영국 귀족의 영애(図説 英国貴族の令嬢)	가와데쇼보신샤(河出書房新社)	2014
레이 스트레이치 지음 구리스 미치코(栗栖美知子), 이부치 게이코(出渕敬子) 감수/옮김	영국 여성 운동사(イギリス女性運動史) 1792~1928	미스즈쇼보(みすず書房)	2008
외무성 정보 문화국 국내 홍보과 편집 (外務省情報文化局国内広報課編集)	국제 의례에 관한 12장 (国際儀礼に関する12章)	재단법인 세카이노우고키샤 (財団法人 世界の動き社)	1981
비타 색빌 웨스트 지음, 무라카미 리코(村上リコ) 옮김	에드워디언즈(エドワーディアンズ)	가와데쇼보신샤(河出書房新社)	2013
A & C Black Publishers Limited	Titles and Forms of Adress: Twenty- first edition	A & C Black Publishers Limited	2002
A Member of the Aristocracy	Manners and Tone of Good Society. Or, Solecisms to be Avoided	Frederick Warne and Co.	1879
A Member of the Aristocracy	Manners and Rules of Good Society: Sixteenth Edition	Frederick Warne and Co.	1890
A Member of the Aristocracy	Manners and Rules of Good Society: Twenty-Second Edition	Frederick Warne and Co.	1897
Adburgham, Alison	Yesterday's Shopping: The Army & Navy Stores Catalogue 1907	David & Charles	1969
Adburgham, Alison	Victorian Shopping: Harrod's 1895 Catalogue	David & Charles	1972

저자	저서명	출판사	출판년
Agogos	Hints on Etiquette and Usages of the Society	Longman, Brown, Green & Longmans	1849
Aresty, Esther B.	The Best Behavior	Simon and Schuster	1970
ARMIGER	Titles: a Guide to the Right Use of British Titles and Honours	A & C Black Ltd	1918
Au Fait.	Social Observances	Frederick Warne and Co.	1896
Balsan, Consuelo Vanderbilt	The Glitter and the Gold	Hodder & Stoughton	1953 /2011
Banfield, Edwin	Visiting Cards and Cases	Baros Books	1989
Baren, Maurice	Victorian Shopping	Michael O'mara Books	1998
Barstow, Phyllida	The English Country House Party	Sutton Publishing	1989 /1998
Beeton, Mrs Isabella ed.	Book of Household Management	Southover Press	1861/ 1998
Buckland, Gail	The Golden Summer: The Edwardian Photographs of Horace W. Nicholls	Pavilion Books Limited	1989
Campbell, Lady Colin ed.	Etiquette of Good Society	Cassell and Company Limited	1893
Cassell, Petter, and Galpin	Cassell's Book of the Household	Cassell, Petter, and Galpin	1880s
Cheadle, Eliza	Manners of Modern Society	Cassell, Petter, and Galpin	1875
Cunnington, C. Willett	English Women's Clothing in the Nineteenth Century	Dover Publications	1937 /1990
Cunnington, Phillis & Lucas, Catherine	Costume for Births, Marriages, and Deaths	Adam & Charles Black	1972
Curtin, Michael	Propriety and Position	Garland Publishing, Inc.	1987
Pool, Daniel	What Jane Austen Ate and Charles Dickens Knew	Simon & Schuster	1993
Davidoff, Leonore	The Best Circles	Rowman and Littlefield	1973
de Vries, Leonard	Victorian Advertisements	John Murray	1968
Debrett's Peerage Limited	Debrett's Correct Form	Headline Book Publishing	1999 /2002
Dewing, David ed.	Home and Garden	The Geffrye Museum	2003
Evans, Hilary and Mary	The Party That Lasted 100 Days	Macdonald and Jane's	1976
Frederick Warne and Co.	Modern Etiquette in Public and Private	Frederick Warne and Co.	1895
Frederick Warne and Co.	The Ball-Room Guide: A Handy Manual	Frederick Warne and Co.	c. 1900
Gaskell, Prof. G. A.	Gaskell's Compendium of Forms	Fairbanks, Palmer & Co	1882
George Routledge and Sons, Ltd	Routledge's Manual of Etiquette	George Routledge and Sons, Ltd	1870s
Gernsheim, Alison	Victorian and Edwardian Fashion: A Photographic Survey	Dover Publications	1981
Heywood, Valentine	British Titles	Adam and Charles Black	1951
Horn, Pamela	High Society: The English Society Elite, 1880-1914	Alan Sutton Publishing	1992

저자	저서명	출판사	출판년
Humphry, Mrs	Manners for Men	James Bowden / Prior Publications	1897 /1993
Humphry, Mrs	Manners for Women	Ward, Lock & Co., Limited / Prior Publications	1897 /1993
Inch, Arthur and Hirst, Arlene	Dinner is Served	Running Press	2003
Jno. J. Mitchell Co., and Druesedow, Jean L.	Men's Fashion Illustrations from the Turn of the Century	Dover Publications, Inc.	1990
Leech, John	John Leech's Pictures of Life and Character 1-3	Bradbury, Agnew, & Co	1886-7
Lucie-Smith, Edward & Dars, Celestine	How the Rich Lived: The painter as Witness 1870-1914	Paddington Press Ltd	1976
Luthi, Ann Louise	Sentimental Jewellery	Shire	1998
Margetson, Stella	Victorian High Society	B. T. Batsford Ltd	1980
Mitchell, Sally	Daily Life in Victorian England	Greenwood Press	1996
Nicholson, Shirley	A Victorian Household	Sutton Publishing	2000
Olian, JoAnne	Victorian and Edwardian Fashions from "La Mode Illustrée"	Dover Publications	1997
One of Themselves	The Manners of Aristocracy	Ward, Lock & Co.,	1881
Pascoe, Charles Eyre	London of To-Day	Simpkin, Marshall, Hamilton, Kent, & Co., Ld	1893
Pascoe, Charles Eyre	London of To-Day	Jarrold & Sons	1903
Rickards, Maurice	The Encyclopedia of Ephemera	The British Library	2000
Ruffer, Jonathan	The Big Shots: Edwardian Shooting Parties	Quiller Press	1977 /1989
Scott, Edward	How to Dance, and Guide to the Ball-room	Hammond, Hammond & Co.	c. 1900
Shrimpton, Jayne	Family Photographs and How to Date Them	Countryside Books	2008
Sims, George Robert ed.	Living London Vol.1	Cassell & Company Ltd	1902
Sims, George Robert ed.	Living London Vol.2	Cassell & Company Ltd	1902
Taylor, Lou	Mourning Dress: A Costume and Social History	Routledge	1983 /2010
The author of "Manners and Tone of Good Society"	Party-Giving on Every Scale	Frederick Warne and Co. / Nonsuch	1880 /2007
The Countess of ＊＊＊＊	Mixing in Society: A Complete Manual of Manners	George Routledge and Sons	1896
The Lounger in Society	The Glass of Fashion	John Hogg	1881
The Savoy Hotel Co.	London's Social Calender	The Savoy Hotel Co.	1910s
Tweedsmuir, Susan	The Lilac and the Rose	Gerald Duckworth & Co. Ltd	1952
Tweedsmuir, Susan	A Winter Bouquet	Gerald Duckworth & Co. Ltd	1954
Valentine, Mrs. L.	The Life of Victoria	Frederick Warne & Co.	1897
Villiers, Arnold	Routledge's Complete Letter Writer for Ladies & Gentlemen	George Routledge and Sons, Ltd	1910s
Ward, Lock & Co., Ltd	Complete Etiquette for Ladies and Gentlemen	Ward, Lock & Co., Limited	1900
Wilson, C. Anne ed.	Eating with the Victorians	Sutton Publishing	2004

지은이_**무라카미 리코**(村上リコ)

일본의 문필·번역가. 치바 현에서 태어났으며 도쿄 외국어 대학을 졸업하
였다. 편집 프로덕션 근무를 거쳐 2003년부터 프리랜서로 활동하고 있다.
저서로 『도설 영국 메이드의 일상(図説 英国メイドの日常)』, 『도설 영국 집사(図
説 英国執事)』, 『도설 영국 귀족의 영애(図説 英国貴族の令嬢)』, 번역서로 비타 색
빌 웨스트 『에드워디언즈 영국 귀족의 나날(エドワーディアンズ英国貴族の日々)』,
마가렛 파웰 『영국 메이드 마가렛의 회상(英国メイド マーガレットの回想)』, 선 에
반스 『도설 메이드와 집사의 문화지(図説 メイドと執事の文化誌)』, A·M·니콜
『괴물 집사(怪物執事)』, 트레버 요크 『도설 잉글랜드의 저택(図説 イングランドの
お屋敷)』, 『도설 영국 인테리어사(図説 英国のインテリア史)』 등. 공동 집필로 『빅
토리아 시대의 의상과 생활(ヴィクトリア時代の衣装と暮らし)』 등.

옮긴이_**문성호**

게임 매거진, 게임 라인 등 대부분의 국내 게임 잡지들에 청춘을 바쳤던 전
직 게임 기자. 어린 시절 접했던 아톰이나 마징가Z에 대한 추억을 잊지 못
하며 현재 시대의 흐름을 잘 따라가지 못해 여전히 레트로 최고를 외치는
구시대의 중년 오타쿠. 다양한 게임 한국어화 및 서적 번역에 참여했다.
번역서로 『도해 첩보·정찰 장비』, 『데즈카 오사무의 만화 창작법』, 『초패미
컴(공역)』 등이 있다.

창작을 꿈꾸는 이들을 위한 안내서
AK 트리비아 시리즈

-AK TRIVIA BOOK

No. 01 도해 근접무기

오나미 아츠시 지음 | 이창협 옮김 | 228쪽 | 13,000원

근접무기, 서브 컬처적 지식을 고찰하다!
검, 도끼, 창, 곤봉, 활 등 현대적인 무기가 등
장하기 전에 사용되던 냉병기에 대한 개설
서. 각 무기의 형상과 기능. 유형부터 사용 방법은 물론 서
브컬처의 세계에서 어떤 모습으로 그려지는가에 대해서
도 상세히 해설하고 있다.

No. 02 도해 크툴루 신화

모리세 료 지음 | AK커뮤니케이션즈 편집부 옮김 |
240쪽 | 13,000원

우주적 공포. 현대의 신화를 파헤치다!
현대 환상 문학의 거장 H.P 러브크래프트의
손에 의해 창조된 암흑 신화인 크툴루 신화. 111가지의
키워드를 선정, 각종 도해와 일러스트를 통해 크툴루 신화
의 과거와 현재를 해설한다.

No. 03 도해 메이드

이케가미 료타 지음 | 크트랜스 인터내셔널 옮김 |
238쪽 | 13,000원

메이드의 모든 것을 이 한 권에!
메이드에 대한 궁금증을 확실하게 해결해주
는 책. 영국, 특히 빅토리아 시대의 사회를 중심으로, 실존
했던 메이드의 삶을 보여주는 가이드북.

No. 04 도해 연금술

쿠사노 타쿠미 지음 | 크트랜스 인터내셔널 옮김 |
220쪽 | 13,000원

기적의 학문, 연금술을 짚어보다!
연금술사들의 발자취를 따라 연금술에 대해
자세하게 알아보는 책. 연금술에 대한 풍부한 지식을 쉽고
간결하게 정리하여. 체계적으로 해설하며. '진리'를 위해
모든 것을 바친 이들의 기록이 담겨있다.

No. 05 도해 핸드웨폰

오나미 아츠시 지음 | 이창협 옮김 | 228쪽 | 13,000원

모든 개인화기를 총망라!
권총. 소총. 기관총. 어설트 라이플. 샷건. 머
신건 등. 개인 화기를 지칭하는 다양한 명칭
들은 대체 무엇을 기준으로 하며 어떻게 붙여진 것일까?
개인 화기의 모든 것을 기초부터 해설한다.

No. 06 도해 전국무장

이케가미 료타 지음 | 이재경 옮김 | 256쪽 | 13,000원

전국시대를 더욱 재미있게 즐겨보자!
소설이나 만화. 게임 등을 통해 많이 접할 수
있는 일본 전국시대에 대한 입문서. 무장들
의 활약상, 전국시대의 일상과 생활까지 상세히 서술. 전
국시대에 쉽게 접근할 수 있도록 구성했다.

No. 07 도해 전투기

가와노 요시유키 지음 | 문우성 옮김 | 264쪽 | 13,000원

빠르고 강력한 병기, 전투기의 모든 것!
현대전의 정점인 전투기. 역사와 로망 속의
전투기에서 최신예 스텔스 전투기에 이르기
까지, 인류의 전쟁사를 바꾸어놓은 전투기에 대하여 상세
히 소개한다.

No. 08 도해 특수경찰

모리 모토사다 지음 | 이재경 옮김 | 220쪽 | 13,000원

**실제 SWAT 교관 출신의 저자가 특수경찰의
모든 것을 소개!**
특수경찰의 훈련부터 범죄 대처법, 최첨단
수사 시스템, 기밀 작전의 아슬아슬한 부분까지 특수경찰
을 저자의 풍부한 지식으로 폭넓게 소개한다.

No. 09 도해 전차
오나미 아츠시 지음 | 문우성 옮김 | 232쪽 | 13,000원
지상전의 왕자, 전차의 모든 것!
지상전의 지배자이자 절대 강자 전차를 소개한다. 전차의 힘과 이를 이용한 다양한 전술, 그리고 그 독특한 모습까지. 알기 쉬운 해설과 상세한 일러스트로 전차의 매력을 전달한다.

No. 10 도해 헤비암즈
오나미 아츠시 지음 | 이재경 옮김 | 232쪽 | 13,000원
전장을 압도하는 강력한 화기, 총집합!
전장의 주역, 보병들의 든든한 버팀목인 강력한 화기를 소개한 책. 대구경 기관총부터 유탄 발사기, 무반동총, 대전차 로켓 등. 압도적인 화력으로 전장을 지배하는 화기에 대하여 알아보자!

No. 11 도해 밀리터리 아이템
오나미 아츠시 지음 | 이재경 옮김 | 236쪽 | 13,000원
군대에서 쓰이는 군장 용품을 완벽 해설!
이제 밀리터리 세계에 발을 들이는 입문자들을 위해 '군장 용품'에 대해 최대한 알기 쉽게 다루는 책. 세부적인 사항에 얽매이지 않고, 상식적으로 갖추어야 할 기초지식을 중심으로 구성되어 있다.

No. 12 도해 악마학
쿠사노 타쿠미 지음 | 김문광 옮김 | 240쪽 | 13,000원
악마에 대한 모든 것을 담은 총집서!
악마학의 시작부터 현재까지의 그 연구 및 발전 과정을 한눈에 알아볼 수 있도록 구성한 책. 단순한 흥미를 뛰어넘어 영적이고 종교적인 지식의 깊이까지 더할 수 있는 내용으로 구성.

No. 13 도해 북유럽 신화
이케가미 료타 지음 | 김문광 옮김 | 228쪽 | 13,000원
세계의 탄생부터 라그나로크까지!
북유럽 신화의 세계관, 등장인물, 여러 신과 영웅들이 사용한 도구 및 마법에 대한 설명까지 당시 북유럽 국가들의 생활상을 통해 북유럽 신화에 대한 이해도를 높일 수 있도록 심층적으로 해설한다.

No. 14 도해 군함
다카하라 나루미 외 1인 지음 | 문우성 옮김 | 224쪽 | 13,000원
20세기의 전함부터 항모, 전략 원잠까지!
군함에 대한 입문서. 종류와 개발사, 구조, 제원 등의 기본부터, 승무원의 일상, 정비 비용까지 어렵게 여겨질 만한 요소를 도표와 일러스트로 쉽게 해설한다.

No. 15 도해 제3제국
모리세료 외 1인 지음 | 문우성 옮김 | 252쪽 | 13,000원
나치스 독일 제3제국의 역사를 파헤친다!
아돌프 히틀러 통치하의 독일 제3제국에 대한 개론서. 나치스가 권력을 장악한 과정부터 조직 구조, 조직을 이끈 핵심 인물과 상호 관계와 갈등, 대립 등. 제3제국의 역사에 대해 해설한다.

No. 16 도해 근대마술
하니 레이 지음 | AK커뮤니케이션즈 편집부 옮김 | 244쪽 | 13,000원
현대 마술의 개념과 원리를 철저 해부!
마술의 종류와 개념, 이름을 남긴 마술사와 마술 단체, 마술에 쓰이는 도구 등을 설명한다. 겉핥기식의 설명이 아닌, 역사와 각종 매체 속에서 마술이 어떤 영향을 주었는지 심층적으로 해설하고 있다.

No. 17 도해 우주선
모리세료 외 1인 지음 | 이재경 옮김 | 240쪽 | 13,000원
우주를 꿈꾸는 사람들을 위한 추천서!
우주공간의 과학적인 설명은 물론, 우주선의 태동에서 발전의 역사, 재질, 발사와 비행의 원리 등. 어떤 원리로 날아다니고 착륙할 수 있는지, 자세한 도표와 일러스트를 통해 해설한다.

No. 18 도해 고대병기
미즈노 히로키 지음 | 이재경 옮김 | 224쪽 | 13,000원
역사 속의 고대병기, 집중 조명!
지혜와 과학의 결정체, 병기. 그중에서도 고대의 병기를 집중조명으로 조명. 단순한 병기의 나열이 아닌, 각 병기의 탄생 배경과 활약상, 계보, 작동 원리 등을 상세하게 다루고 있다.

No. 19 도해 UFO
사쿠라이 신타로 지음 | 서형주 옮김 | 224쪽 | 13,000원
UFO에 관한 모든 지식과, 그 허와 실.
첫 번째 공식 UFO 목격 사건부터 현재까지, 세계를 떠들썩하게 만든 모든 UFO 사건을 다룬다. 수많은 미스터리는 물론, 종류, 비행 패턴 등 UFO에 관한 모든 지식들을 알기 쉽게 정리했다.

No. 20 도해 식문화의 역사
다카하라 나루미 지음 | 채다인 옮김 | 244쪽 | 13,000원
유럽 식문화의 변천사를 조명한다!
중세 유럽을 중심으로, 음식문화의 변화를 설명한다. 최초의 조리 역사부터 식재료, 예절, 지역별 선호메뉴까지. 시대상황과 분위기, 사람들의 인식이 어떠한 영향을 끼쳤는지 흥미로운 사실을 다룬다.

No. 21 도해 문장
신노 케이 지음 | 기미정 옮김 | 224쪽 | 13,000원
역사와 문화의 시대적 상징물, 문장!
기나긴 역사 속에서 문장이 어떻게 만들어졌
고, 어떤 도안들이 이용되었는지, 발전 과정
과 유럽 역사 속 위인들의 문장이나 특징적인 문장의 인물
에 대해 설명한다.

No. 22 도해 게임이론
와타나베 타카히로 지음 | 기미정 옮김 | 232쪽
13,000원
이론과 실용 지식을 동시에!
최수의 딜레마, 도덕적 해이, 제로섬 게임 등
다양한 사례 분석과 알기 쉬운 해설을 통해, 누구나가 쉽
고 직관적으로 게임이론을 이해하고 현실에 적용할 수 있
도록 도와주는 최고의 입문서.

No. 23 도해 단위의 사전
호시다 타다히코 지음 | 문우성 옮김 | 208쪽 | 13,000원
**세계를 바라보고, 규정하는 기준이 되는 단
위를 풀어보자!**
전 세계에서 사용되는 108개 단위의 역사와
사용 방법 등을 해설하는 본격 단위 사전. 정의와 기준, 유
래, 측정 대상 등을 명쾌하게 해설한다.

No. 24 도해 켈트 신화
이케가미 료타 지음 | 곽형준 옮김 | 264쪽 | 13,000원
쿠 훌린과 핀 막 쿨의 세계!
켈트 신화의 세계관, 각 설화와 전설의 주요
등장인물들! 이야기에 따라 내용뿐만 아니라
등장인물까지 뒤바뀌는 경우도 있는데, 그런 특별한 사항
까지 다루어, 신화의 읽는 재미를 더한다.

No. 25 도해 항공모함
노가미 아키토 외 1인 지음 | 오광웅 옮김 | 240쪽
13,000원
군사기술의 결정체, 항공모함 철저 해부!
군사력의 상징이던 거대 전함을 과거의 유물
로 전락시킨 항공모함. 각 국가별 발달의 역사와 임무, 영
향력에 대한 광범위한 자료를 한눈에 파악할 수 있다.

No. 26 도해 위스키
츠치야 마모루 지음 | 기미정 옮김 | 192쪽 | 13,000원
위스키, 이제는 제대로 알고 마시자!
다양한 음용법과 글라스의 차이, 바 또는 집
에서 분위기 있게 마실 수 있는 방법까지, 위
스키의 맛을 한층 돋아주는 필수 지식이 가득! 세계적인
위스키 평론가가 전하는 입문서의 결정판.

No. 27 도해 특수부대
오나미 아츠시 지음 | 오광웅 옮김 | 232쪽 | 13,000원
불가능이란 없다! 전장의 스페셜리스트!
특수부대의 탄생 배경, 종류, 규모, 각종 임
무, 그들만의 특수한 장비, 어떠한 상황에서
도 살아남기 위한 생존 기술까지 모든 것을 보여주는 책.
왜 그들이 스페셜리스트인지 알게 될 것이다.

No. 28 도해 서양화
다나카 쿠미코 지음 | 김상호 옮김 | 160쪽 | 13,000원
서양화의 변천사와 포인트를 한눈에!
르네상스부터 근대까지, 시대를 넘어 사랑
받는 명작 84점을 수록. 각 작품들의 배경과
특징, 그림에 담겨있는 비유적 의미와 기법. 감상 포인
트를 명쾌하게 해설하였으며, 더욱 깊은 이해를 위한 역사
와 종교 관련 지식까지 담겨있다.

No. 29 도해 갑자기
그림을 잘 그리게 되는 법
나카야마 시게노부 지음 | 이연희 옮김 | 204쪽 | 13,000원
멋진 일러스트의 초간단 스킬 공개!
투시도와 원근법만으로, 멋지고 입체적인 일
러스트를 그릴 수 있는 방법! 그림에 대한 재능이 없다 생
각 말고 읽어보자. 그림이 극적으로 바뀔 것이다.

No. 30 도해 사케
키미지마 사토시 지음 | 기미정 옮김 | 208쪽 | 13,000원
사케를 더욱 즐겁게 마셔 보자!
선택 법, 온도, 명칭, 안주와의 궁합, 분위기
있게 마시는 법 등. 사케의 맛을 한층 더 즐
길 수 있는 모든 지식이 담겨 있다. 일본 요리의 거장이 전
해주는 사케 입문서의 결정판.

No. 31 도해 흑마술
쿠사노 타쿠미 지음 | 곽형준 옮김 | 224쪽 | 13,000원
역사 속에 실존했던 흑마술을 총망라!
악령의 힘을 빌려 행하는 사악한 흑마술을
총망라한 책 흑마술의 정의와 발전, 기본 법
칙을 상세히 설명한다. 또한 여러 국가에서 행해졌던 흑마
술 사건들과 관련 인물들을 소개한다.

No. 32 도해 현대 지상전
모리 모토사다 지음 | 정은택 옮김 | 220쪽 | 13,000원
아프간 이라크! 현대 지상전의 모든 것!!
저자가 직접, 실제 전장에서 활동하는 군인
은 물론 민간 군사기업 관계자들과도 폭넓게
교류하면서 얻은 정보들을 아낌없이 공개한 책. 현대전에
투입되는 지상전의 모든 것을 해설한다.

No. 33 도해 건파이트
오나미 아츠시 지음 | 송명규 옮김 | 232쪽 | 13,000원
총격전에서 일어나는 상황을 파헤친다!
영화, 소설, 애니메이션 등에서 볼 수 있는 총격전, 그 장면들은 진짜일까? 실전에서는 총기를 어떻게 다루고, 어디에 몸을 숨겨야 할까. 자동차 추격전에서의 대처법 등 건 액션의 핵심 지식.

No. 34 도해 마술의 역사
쿠사노 타쿠미 지음 | 김진아 옮김 | 224쪽 | 13,000원
마술의 탄생과 발전 과정을 알아보자!
고대에서 현대에 이르기까지 마술은 문화의 발전과 함께 널리 퍼져나갔으며, 다른 마술과 접촉하면서 그 깊이를 더해왔다. 마술의 발생시기와 장소, 변모 등 역사와 개요를 상세히 소개한다.

No. 35 도해 군용 차량
노가미 아키토 지음 | 오광웅 옮김 | 228쪽 | 13,000원
지상의 왕자, 전차부터 현대의 바퀴달린 사역마까지!!
전투의 핵심인 전투 차량부터 눈에 띄지 않는 무대에서 묵묵히 임무를 다하는 각종 지원 차량까지. 각자 맡은 임무에 충실하도록 설계되고 고안된 군용 차량만의 다채로운 세계를 소개한다.

No. 36 도해 첩보·정찰 장비
사카모토 아키라 지음 | 문성호 옮김 | 228쪽 | 13,000원
승리의 열쇠 정보! 정보전의 모든 것!
소음총, 소형 폭탄, 소형 카메라 및 통신기 등 영화에서나 등장할 법한 첩보원들의 특수장비부터 정찰 위성에 이르기까지 첩보 및 정찰 장비들을 400점의 사진과 일러스트로 설명한다.

No. 37 도해 세계의 잠수함
사카모토 아키라 지음 | 류재학 옮김 | 242쪽 | 13,000원
바다를 지배하는 침묵의 자객, 잠수함.
잠수함은 두 번의 세계대전과 냉전기를 거쳐, 최첨단 기술로 최신 무장시스템을 갖추어왔다. 원리와 구조, 승조원의 훈련과 임무, 생활과 전투 방법 등을 사진과 일러스트로 철저히 해부한다.

No. 38 도해 무녀
토키타 유스케 지음 | 송명규 옮김 | 236쪽 | 13,000원
무녀와 샤머니즘에 관한 모든 것!
무녀의 기원부터 시작하여 일본의 신사에서 치르고 있는 각종 의식, 그리고 델포이의 무녀, 한국의 무당을 비롯한 세계의 샤머니즘과 각종 종교를 106가지의 소주제로 분류하여 해설한다!

No. 39 도해 세계의 미사일 로켓 병기
사카모토 아키라 | 유병준·김성훈 옮김 | 240쪽 | 13,000원
ICBM부터 THAAD까지!
현대전의 진정한 주역이라 할 수 있는 미사일. 보병이 휴대하는 대전차 로켓부터 공대공 미사일, 대륙간 탄도탄, 그리고 근래 들어 언론의 주목을 받고 있는 ICBM과 THAAD까지 미사일의 모든 것을 해설한다!

No. 40 독과 약의 세계사
후나야마 신지 지음 | 진정숙 옮김 | 292쪽 | 13,000원
독과 약의 차이란 무엇인가?
화학물질을 어떻게 하면 유용하게 활용할 수 있는가 하는 것은 인류에 있어 중요한 과제 가운데 하나라 할 수 있다. 독과 약의 역사, 그리고 우리 생활과의 관계에 대하여 살펴보도록 하자.

No. 41 영국 메이드의 일상
무라카미 리코 지음 | 조아라 옮김 | 460쪽 | 13,000원
가사 노동자이며 직장 여성의 최대 다수를 차지했던 메이드의 일과 생활을 통해 영국의 다른 면을 살펴본다. 『엠마 빅토리안 가이드』의 저자 무라카미 리코의 빅토리안 시대 안내서.

No. 42 영국 집사의 일상
무라카미 리코 지음 | 기미정 옮김 | 292쪽 | 13,000원
집사, 남성 가사 사용인의 모든 것!
Butler, 즉 집사로 대표되는 남성 상급 사용인. 그들은 어떠한 일을 했으며 어떤 식으로 하루를 보냈을까? 『엠마 빅토리안 가이드』의 저자 무라카미 리코의 빅토리안 시대 안내서 제2탄.

No. 43 중세 유럽의 생활
가와하라 아쓰시 외 1인 지음 | 남지연 옮김 | 260쪽 | 13,000원
새롭게 조명하는 중세 유럽 생활사
철저히 분류되는 중세의 신분. 그 중 「일하는 자」의 일상생활은 어떤 것이었을까? 각종 도판과 사료를 통해, 중세 유럽에 대해 알아보자.

No. 44 세계의 군복
사카모토 아키라 지음 | 진정숙 옮김 | 130쪽 | 13,000원
세계 각국 군복의 어제와 오늘!!
형태와 기능미가 절묘하게 융합된 의복인 군복. 제2차 세계대전에서 현대에 이르기까지, 각국의 전투복과 정복 그리고 각종 장구류와 계급장, 훈장 등. 군복만의 독특한 매력을 느껴보자!

No. 45 세계의 보병장비
사카모토 아키라 지음 | 이상언 옮김 | 234쪽 | 13,000원
현대 보병장비의 모든 것!
군에 있어 가장 기본이 되는 보병! 개인화기, 전투복, 군장, 전투식량, 그리고 미래의 장비까지. 제2차 세계대전 이후 눈부시게 발전한 보병 장비와 현대전에 있어 보병이 지닌 의미에 대하여 살펴보자.

No. 46 해적의 세계사
모모이 지로 지음 | 김효진 옮김 | 280쪽 | 13,000원
「영웅」인가, 「공적」인가?
지중해, 대서양, 카리브해, 인도양에서 활동했던 해적을 중심으로, 영웅이자 약탈자, 정복자, 야심가 등 여러 시대에 걸쳐 등장했던 다양한 해적들이 세계사에 남긴 발자취를 더듬어본다.

No. 47 닌자의 세계
야마키타 아츠시 지음 | 송명규 옮김 | 232쪽 | 13,000원
실제 닌자의 활약을 살펴본다!
어떠한 임무라도 완수할 수 있도록 닌자는 온갖 지혜를 짜내며 궁극의 도구와 인술을 만들어냈다. 과연 닌자는 역사 속에서 어떤 활약을 펼쳤을까.

No. 48 스나이퍼
오나미 아츠시 지음 | 이상언 옮김 | 240쪽 | 13,000원
스나이퍼의 다양한 장비와 고도의 테크닉!
아군의 절체절명 위기에서 한 끗 차이의 절묘한 타이밍으로 전세를 역전시키기도 하는 스나이퍼의 세계를 알아본다.

No. 49 중세 유럽의 문화
이케가미 쇼타 지음 | 이은수 옮김 | 256쪽 | 13,000원
심오하고 매력적인 중세의 세계!
기사, 사제와 수도사, 음유시인에 숙녀, 그리고 농민과 상인과 기술자들. 중세 배경의 판타지 세계에서 자주 보였던 그들의 리얼한 생활을 풍부한 일러스트와 표로 이해한다!

No. 50 기사의 세계
이케가미 쇼타 지음 | 이은수 옮김 | 256쪽 | 13,000원
심오하고 매력적인 중세의 세계!
기사, 사제와 수도사, 음유시인에 숙녀, 그리고 농민과 상인과 기술자들. 중세 배경의 판타지 세계에서 자주 보였던 그들의 리얼한 생활을 풍부한 일러스트와 표로 이해한다!

TRIVIA SPECIAL

환상 네이밍 사전
신키겐샤 편집부 지음 | 유진원 옮김 | 288쪽 | 14,800원
의미 없는 네이밍은 이제 그만!
운명은 프랑스어로 무엇이라고 할까? 독일어, 일본어로는? 중국어로는? 더 나아가 이탈리아어, 러시아어, 그리스어, 라틴어, 아랍어에 이르기까지. 1,200개 이상의 표제어와 11개국어, 13,000개 이상의 단어를 수록!!

중2병 대사전
노무라 마사타카 지음 | 이재경 옮김 | 200쪽 | 14,800원
이 책을 보는 순간, 당신은 이미 궁금해하고 있다!
사춘기 청소년이 행동할 법한, 손발이 오그라드는 행동이나 사고를 뜻하는 중2병. 서브컬처 작품에 자주 등장하는 중2병의 의미와 기원 등, 102개의 항목에 대해 해설과 칼럼을 곁들여 알기 쉽게 설명 한다.

크툴루 신화 대사전
고토 카츠 외 1인 지음 | 곽형준 옮김 | 192쪽 | 13,000원
신화의 또 다른 매력, 무한한 가능성!
H.P. 러브크래프트를 중심으로 여러 작가들의 설정이 거대한 세계관으로 자리잡은 크툴루 신화. 현대 서브 컬처에 지대한 영향을 끼치고 있다. 대중 문화 속에 알게 모르게 자리 잡은 크툴루 신화의 요소를 설명하는 본격 해설서.

문양박물관
H. 돌메치 지음 | 이지은 옮김 | 160쪽 | 8,000원
세계 문양과 장식의 정수를 담다!
19세기 독일에서 출간된 H 돌메치의 「상식의 보고」를 바탕으로 제작된 책이다. 세계 각지의 문양 장식을 소개한 이 책은 이론보다 실용에 초점을 맞춘 입문서. 화려하고 아름다운 전 세계의 문양을 수록한 실용적인 자료집으로 손꼽힌다.

고대 로마군 무기·방어구·전술 대전
노무라 마사타카 외 3인 지음 | 기미정 옮김 | 224쪽 |
13,000원

위대한 정복자, 고대 로마군의 모든 것!
부대의 편성부터 전술, 장비 등. 고대 최강의
군대라 할 수 있는 로마군이 어떤 집단이었는지 상세하게
분석하는 해설서. 압도적인 군사력으로 세계를 석권한 로
마 제국. 그 힘의 전모를 철저하게 검증한다.

중세 유럽의 무술, 속 중세 유럽의 무술
오사다 류타 지음 | 남유리 옮김 |
각 권 672쪽~624쪽 | 각 권 29,000원

본격 중세 유럽 무술 소개서!
막연하게만 떠오르는 중세 유럽~르네상스
시대에 활약했던 검술과 격투술의 모든 것을
담은 책. 영화 등에서만 접할 수 있었던 유럽
중세시대 무술의 기본이념과 자세, 방어, 보
법부터, 시대를 풍미한 각종 무술까지, 일러
스트를 통해 알기 쉽게 설명한다.

도감 무기 갑옷 투구
이치카와 사다하루 외 3인 지음 | 남지연 옮김 | 448쪽 |
29,000원

역사를 망라한 궁극의 군장도감!
고대로부터 무기는 당시 최신 기술의 정수와
함께 철학과 문화, 신념이 어우러져 완성되었다. 이 책은
그러한 무기들의 기능, 원리, 목적 등과 더불어 그 기원과
발전 양상 등을 그림과 표를 통해 알기 쉽게 설명하고 있
다. 역사상 실재한 무기와 갑옷, 투구들을 통사적으로 살
펴보자!

최신 군용 총기 사전
토코이 마사미 지음 | 오광웅 옮김 | 564쪽 | 45,000원

세계 각국의 현용 군용 총기를 총망라!
주로 군용으로 개발되었거나 군대 또는 경찰
의 대테러부대처럼 중무장한 조직에 배치되
어 사용되고 있는 소화기가 중점적으로 수록되어 있으며,
이외에도 각 제작사에서 국제 군수시장에 수출할 목적으
로 개발, 시제품만이 소수 제작되었던 총기류도 함께 실려
있다.

초패미컴, 초초패미컴
타네 키요시 외 2인 지음 | 문성호 외 1인 옮김 |
각 권 360, 296쪽 | 각 권 14,800원

게임은 아직도 패미컴을 넘지 못했다!
패미컴 탄생 30주년을 기념하여, 1983년
『동키콩』부터 시작하여, 1994년 『타카하시
명인의 모험도 IV』까지 총 100여 개의 작품
에 대한 리뷰를 담은 영구 소장판. 패미컴과
함께했던 아련한 추억을 간직하고 있는 모든
이들을 위한 책이다.

초쿠소게 1,2
타네 키요시 외 2인 지음 | 문성호 옮김 |
각 권 224, 300쪽 | 각 권 14,800원

망작 게임들의 숨겨진 매력을 재조명!
『쿠소게クソゲー』란 '똥-クソ'과 '게임-Game'의
합성어로, 어감 그대로 정말 못 만들고 재미
없는 게임을 지칭할 때 사용되는 조어이다.
우리말로 바꾸면 망작 게임 정도가 될 것이
다. 레트로 게임에서부터 플레이스테이션3까
지 게이머들의 기대를 보란듯이 저버렸던 수
많은 쿠소게들을 총망라하였다.

초에로게, 초에로게 하드코어
타네 키요시 외 2인 지음 | 이은수 옮김 |
각 권 276쪽, 280쪽 | 각 권 14,800원

명작 18금 게임 총출동!
에로게란 '에로-エロ'와 '게임-Game'의 합성어
로, 말 그대로 성적인 표현이 담긴 게임을 지칭
한다. '에로게 헌터'라 자처하는 베테랑 저자들
의 엄격한 심사(?)를 통해 선정된 '명작 에로게'
들에 대한 본격 리뷰집!!

세계의 전투식량을 먹어보다
키쿠즈키 토시유키 지음 | 오광웅 옮김 | 144쪽 | 13,000원

전투식량에 관련된 궁금증을 이 한권으로 해결!
전투식량이 전장에서 자리를 잡아가는 과정
과, 미국의 독립전쟁부터 시작하여 역사 속 여러 전쟁의
전투식량 배급 양상을 살펴보는 책. 식품부터 식기까지,
수많은 전쟁 속에서 전투식량이 어떠한 모습으로 등장하
였고 병사들은 이를 어떻게 취식하였는지, 흥미진진한 역
사를 소개하고 있다.

세계장식도 I, II
오귀스트 라시네 지음 | 이지은 옮김 | 각 권 160쪽 |
각 권 8,000원

공예 미술계 불후의 명작을 농축한 한 권!
19세기 프랑스에서 가장 유명한 디자이너였
던 오귀스트 라시네의 대표 저서 『세계장식
도집성』에서 인상적인 부분을 뽑아내 콤팩트
하게 정리한 다이제스트판. 공예 미술의 각 분
야를 포괄하는 내용을 담은 책으로, 방대
한 예시를 더욱 정교하게 소개한다.

서양 건축의 역사

사토 다쓰키 지음 | 조민경 옮김 | 264쪽 | 14,000원

서양 건축사의 결정판 가이드 북!
건축의 역사를 살펴보는 것은 당시 사람들의 의식을 들여다보는 것과도 같다. 이 책은 고대에서 중세, 르네상스기로 넘어오며 탄생한 다양한 양식들을 당시의 사회, 문화, 기후, 토질 등을 바탕으로 해설하고 있다.

세계의 건축

코우다 미노루 외 1인 지음 | 조민경 옮김 | 256쪽 | 14,000원

고품격 건축 일러스트 자료집!
시대를 망라하여, 건축물의 외관 및 내부의 장식을 정밀한 일러스트로 소개한다. 흔히 보이는 풍경이나 딱딱한 도시의 건축물이 아닌, 고풍스러운 건물들을 섬세하고 세밀한 선화로 표현하여 만화, 일러스트 자료에 최적화된 형태로 수록하고 있다

지중해가 낳은 천재 건축가 -안토니오 가우디

이리에 마사유키 지음 | 김진아 옮김 | 232쪽 | 14,000원

천재 건축가 가우디의 인생, 그리고 작품
19세기 말~20세기 초의 카탈루냐 지역 및 그의 작품들이 지어진 바르셀로나의 지역사, 그리고 카사 바트요, 구엘 공원, 사그라다 파밀리아 성당 등의 작품들을 통해 안토니오 가우디의 생애를 본격적으로 살펴본다.

민족의상 1,2

오귀스트 라시네 지음 | 이지은 옮김 |
각 권 160쪽 | 각 8,000원

화려하고 기품 있는 색감!!
디자이너 오귀스트 라시네의 「복식사」전 6권 중에서 민족의상을 다룬 부분을 바탕으로 제작되었다. 당대에 정점에 올랐던 석판 인쇄 기술로 완성되어, 시대가 흘렀음에도 그 세세하고 풍부하고 아름다운 색감이 주는 감동은 여전히 빛을 발한다.

중세 유럽의 복장

오귀스트 라시네 지음 | 이지은 옮김 | 160쪽 | 8,000원

고품격 유럽 민족의상 자료집!!
19세기 프랑스의 유명한 디자이너 오귀스트 라시네가 직접 당시의 민족의상을 그린 자료집. 유럽 각지에서 사람들이 실제로 입었던 민족의상의 모습을 그대로 풍부하게 수록하였다. 각 나라의 특색과 문화가 담겨 있는 민족의상을 감상할 수 있다.

그림과 사진으로 풀어보는 **이상한 나라의 앨리스**

구와바라 시게오 지음 | 조민경 옮김 | 248쪽 | 14,000원

매혹적인 원더랜드의 논리를 완전 해설!
산업 혁명을 통한 눈부신 문명의 발전과 그 그늘, 도덕주의와 엄숙주의, 위선과 허영이 병존하던 빅토리아 시대는 「원더랜드」의 탄생과 그 배경으로 어떻게 작용했을까? 순진 무구한 소녀 앨리스가 우연히 발을 들인 기묘한 세상의 완전 가이드북!!

그림과 사진으로 풀어보는 **알프스 소녀 하이디**

지바 가오리 외 지음 | 남지연 옮김 | 224쪽 | 14,000원

하이디를 통해 살펴보는 19세기 유럽사!
「하이디」라는 작품을 통해 19세기 말의 스위스를 알아본다. 또한 원작자 슈피리의 생애를 교차시켜 「하이디」의 세계를 깊이 파고든다. 「하이디」를 읽은 사람은 물론, 작품을 보다 깊이 감상하고 싶은 사람에게 있어 좋은 안내서가 되어줄 것이다.

영국 귀족의 생활

다나카 료조 지음 | 김상호 옮김 | 192쪽 | 14,000원

영국 귀족의 우아한 삶을 조명한다
현대에도 귀족제도가 남아있는 영국. 귀족이 영국 사회에서 어떠한 의미를 가지고 또 기능하는지, 상세한 설명과 사진자료를 통해 귀족 특유의 화려함과 고상함의 이면에 자리 잡은 책임과 무게. 귀족의 삶 깊숙한 곳까지 스며든 '노블레스 오블리주'의 진정한 의미를 알아보자.

요리 도감

오치 도요코 지음 | 김세원 옮김 | 384쪽 | 18,000원

요리는 힘! 삶의 저력을 키워보자!!
이 책은 부모가 자식에게 조곤조곤 알려주는 요리 조언집이다. 처음에는 요리가 서툴고 다소 귀찮게 느껴질지 모르지만, 약간의 요령과 습관만 익히면 스스로 요리를 완성한다는 보람과 매력, 그리고 요리라는 삶의 지혜에 눈을 뜨게 될 것이다.

사육 재배 도감

아리사와 시게오 지음 | 김민영 옮김 | 384쪽 | 18,000원

동물과 식물을 스스로 키워보자!

생명을 돌보는 것은 결코 쉬운 일이 아니다. 꾸준히 손이 가고, 인내심과 동시에 책임감을 요구하기 때문이다. 그럴 때 이 책과 함께 한다면 어떨까? 살아있는 생명과 함께하며 성숙해진 마음은 그 무엇과도 바꿀 수 없는 보물로 남을 것이다.

식물은 대단하다

다나카 오사무 지음 | 남지연 옮김 | 228쪽 | 9,800원

우리 주변의 식물들이 지닌 놀라운 힘!

오랜 세월에 걸쳐 거목을 말려 죽이는 교살자 무화과나무, 딱지를 만들어 몸을 지키는 바나나 등 식물이 자신을 보호하는 아이디어, 환경에 적응하여 살아가기 위한 구조의 대단함을 해설한다. 동물은 흉내 낼 수 없는 식물의 경이로운 능력을 알아보자.

그림과 사진으로 풀어보는 마녀의 약초상자

니시무라 유코 지음 | 김상호 옮김 | 220쪽 | 13,000원

「약초」라는 키워드로 마녀를 추적하다!

정체를 알 수 없는 약물을 제조하거나 저주와 마술을 사용했다고 알려진 「마녀」란 과연 어떤 존재였을까? 그들이 제조해온 마법약의 재료와 제조법, 마녀들이 특히 많이 사용했던 여러 종의 약초와 그에 얽힌 이야기들을 통해 마녀의 비밀을 알아보자.

초콜릿 세계사-근대 유럽에서 완성된 갈색의 보석

다케다 나오코 지음 | 이지은 옮김 | 240쪽 | 13,000원

신비의 약이 연인 사이의 선물로 자리 잡기까지의 역사!

원산지에서 「신의 음료」라고 불렸던 카카오. 유럽 탐험가들에 의해 서구 세계에 알려진 이래, 19세기에 이르러 오늘날의 형태와 같은 초콜릿이 탄생했다. 전 세계로 널리 퍼질 수 있었던 초콜릿의 흥미진진한 역사를 살펴보자.

초콜릿어 사전

Dolcerica 가가와 리카코 지음 | 이지은 옮김 | 260쪽 | 13,000원

사랑스러운 일러스트로 보는 초콜릿의 매력!

나른해지는 오후, 기력 보충 또는 기분 전환 삼아 한 조각 먹게 되는 초콜릿. 「초콜릿어 사전」은 초콜릿의 역사와 종류, 제조법 등 기본 정보와 관련 용어 그리고 그 해설을 유머러스하면서도 사랑스러운 일러스트와 함께 싣고 있는 그림 사전이다.

판타지세계 용어사전

고타니 마리 감수 | 전홍식 옮김 | 248쪽 | 18,000원

판타지의 세계를 즐기는 가이드북!

온갖 신비로 가득한 판타지의 세계. 「판타지세계 용어사전」은 판타지의 세계에 대한 이해를 돕고 보다 깊이 즐길 수 있도록, 세계 각국의 신화, 전설, 역사적 사건 속의 용어들을 뽑아 해설하고 있으며, 한국어판 특전으로 역자가 엄선한 한국 판타지 용어 해설집을 수록하고 있다.

세계사 만물사전

헤이본샤 편집부 지음 | 남지연 옮김 | 444쪽 | 25,000원

우리 주변의 교통 수단을 시작으로, 의복, 각종 악기와 음악, 문자, 농업, 신화, 건축물과 유적 등, 고대부터 제2차 세계대전 종전 이후까지의 각종 사물 약 3000점의 유래와 그 역사를 상세한 그림으로 해설한다.

고대 격투기

오사다 류타 지음 | 남지연 옮김 | 264쪽 | 21,800원

고대 지중해 세계의 격투기를 총망라!

레슬링, 복싱, 판크라티온 등의 맨몸 격투술에서 무기를 활용한 전투술까지 풍부하게 수록한 격투 교본. 고대 이집트·로마의 격투술을 일러스트로 상세하게 해설한다.

AK Trivia Book 51

영국 사교계 가이드
- 19세기 영국 레이디의 생활 -

초판 1쇄 인쇄 2019년 1월 10일
초판 2쇄 발행 2021년 7월 30일

저자 : 무라카미 리코
번역 : 문성호

펴낸이 : 이동섭
편집 : 이민규, 탁승규
디자인 : 조세연, 김현승, 김형주, 김민지
영업 · 마케팅 : 송정환, 조정훈
e-BOOK : 홍인표, 서찬웅, 최정수, 심민섭, 김은혜
관리 : 이윤미

㈜에이케이커뮤니케이션즈
등록 1996년 7월 9일(제302-1996-00026호)
주소 : 04002 서울 마포구 동교로 17안길 28, 2층
TEL : 02-702-7963~5   FAX : 02-702-7988
http://www.amusementkorea.co.kr

ISBN 979-11-274-2204-2 03920

ZUSETSU EIKOKU SHAKOUKAI GUIDE
© RICO MURAKAMI 2017
Originally published in Japan in 2017 by KAWADE SHOBO SHINSHA Ltd. Publishers, TOKYO.
Korean translation rights arranged with KAWADE SHOBO SHINSHA Ltd. Publishers, TOKYO.
through TOHAN CORPORATION, TOKYO.

이 도서의 국립중앙도서관 출판예정도서목록(CIP)은 서지정보유통지원시스템 홈페이지(http://
seoji.nl.go.kr)와 국가자료공동목록시스템(http://www.nl.go.kr/kolisnet)에서 이용하실 수 있습니
다. (CIP제어번호: CIP2018041261)

*잘못된 책은 구입한 곳에서 무료로 바꿔드립니다.